创业虽艰,敢为人先:
来自创业一线的创业管理案例集

吕康娟　主编

上海大学出版社
·上海·

图书在版编目(CIP)数据

创业虽艰,敢为人先:来自创业一线的创业管理案例集/吕康娟主编.—上海:上海大学出版社,2018.12
ISBN 978-7-5671-3372-3

Ⅰ.①创... Ⅱ.①吕... Ⅲ.①创业-案例-中国 Ⅳ.①F249.214

中国版本图书馆 CIP 数据核字(2018)第 289333 号

责任编辑　王　聪
封面设计　倪天辰
技术编辑　金　鑫　钱宇坤

创业虽艰,敢为人先:
来自创业一线的创业管理案例集
吕康娟　主编
上海大学出版社出版发行
(上海市上大路99号　邮政编码200444)
(http://www.shupress.cn　发行热线021-66135112)
出版人　戴骏豪

*

南京展望文化发展有限公司排版
上海华教印务有限公司印刷　各地新华书店经销
开本787mm×960mm　1/16　印张14　字数193千
2018年12月第1版　2018年12月第1次印刷
ISBN 978-7-5671-3372-3/F·185　定价　58.00元

编 委 会

主　　编：吕康娟教授

执行主编：吴海宁博士

编　　委：帅萍副教授、霍伟伟副教授、吴海宁博士

序言一

创业虽艰，敢为人先

呈现在读者面前的这本书，是一本记录创业过程、总结创业经验、积累创业智慧、广结创业网络的教学案例集。书中的创业者，用他们的智慧和激情，克服了种种艰难险阻，改变了人生，用实际行动践行创新创业的真谛。这些创业者，多数是白手起家，但是他们在创业过程中充分展示了敢为人先的创业精神。

首先，创业者们敢于坚持自己的信念。在知识爆炸的今天，每个人都有机会获得知识，但并不是每一个人都能始终坚持自己的信念，并应用自己拥有的知识创造未来。创业者的不同之处是能自觉理性地寻找创业机会，并将一个个创业思路变成实际行动。在创业之初，无人能够确定创业能否顺利成功，唯有创业者本人，始终坚信自己的判断，并因此走上一条独特的道路。创业者就是那个敢于坚持自我、敢于用信念改变环境的人。我们在品读创业案例时，总能深刻感受到创业者的非凡勇气，并给我们带来冲击。

其次，创业者的思想敢于超越资源约束，基于对事业的深刻理解。创业与赚钱不同，赚钱的目标是获取钱财资源；而创业的重心在于事业，事业的成功来源于创业团队的共同努力，事业成功会使客户获得更好的产品或服务、增加就业、推广新技术和积累创业知识。正如本书所描述的，很多创业者都是生活在读者身边的普通人，但他们想要做成一项事业，从而能够从更宽广的视角看待人和事，洞悉产业环境和宏观环境中发生的变化，把握住时代发展的机遇。创业者的经历告诉我们，要做符合社会期望、符合客户期望、符合创业团队期望的事业，这是获取各种资源的前提，也是创业成功的前提。

同时，创业者敢于用乐观的态度面对艰难的洗礼。在对创业者的访谈中，我们无时无刻不感受到创业的艰难：资金的短缺、客户的挑剔、核心团队成员的离队、周围人的不信任甚至是家庭矛盾等。创业者自信从容的背后，是他们无数个夜晚挑灯夜战，独自一人苦苦思索，甚至辗转反侧、彻夜难眠。尽管每一次创业可能都伴随着一系列的失败，但是创业者都能始终保持乐观。马云曾有一个比喻：创业者要用自己的左手温暖右手，不仅如此，还要将快乐分享给别人。在本书中，主人公无论遇到多少艰难险阻，都能够用乐观的心态来面对暂时的失败和挫折。

本书由上海大学悉尼工商学院的教师集体创作而成。案例以一手资料为主，以上海大学创业校友为主体，在大量调研访谈基础上，呈现出一个个鲜活的创业人物和创业故事。本书采用教学案例的撰写方式，能够将案例应用于创业教学和初创业企业培训当中。我们将不断扎根于创业实践，逐步将这些实践提高到理论高度，为创业教育和创新创业作出更大的贡献！

上海大学悉尼工商学院院长　吕康娟

2018年9月14日

创业虽艰,精彩无边

"创业不再纠结于成败。"

在基金会从事创业服务、评测、研究等工作也好几年了,刚开始总把"成功""失败"挂在嘴上,每每谈论创业项目无外乎寻找哪个关键环节的疏漏或偏离,并煞有其事地认真给予点评,希望能让创业者们走向成功的同时也能满足一下自己被需要的感觉。

慢慢地,创业到底能得到什么?如果这是一场注定大概率失败的游戏,那么为什么还有如此多的创业者前赴后继投身其中?于是乎,我不再仅仅关注项目本身,而更多地观察和探究其中"人"的变化。

"我现在更明白老板在想什么,我知道自己的角色定位。"

"懂得放弃的坚持才是真正的坚持。"

"那段时间整个世界好像都是灰色的,经常木木的,大脑一片空白……后来走出来了,现在碰到的那些困难已经不算什么了。"

"现在想来,我很感谢那些给我带来困难和痛苦的人,没有他们我就没有现在的信心,问题总会解决的。"

我的工作让我有机会听创业者们的自述,每每在多余的怜惜之后又是浓浓的钦佩和羡慕,精彩和震撼源于苦痛前行吗?创业造就了什么样的璀璨自我,有了这样的经历小小的失败又如何!

无独有偶，机缘巧合下，在楼下创咖邂逅了上海大学悉尼工商学院的帅萍博士，她在学生创业教育领域也在探索和关注"人"的成长变化。说到创业教育话题时，她的言语不是重点，而两眼放光的情绪让我知道她也是一个被感动的创业教育/服务者，相似的理念促使我们后面的合作越来越多，比如在分享我们过去的访谈案例之余，2018年共同开展了新一轮的创业者成长访谈，经常一起讨论和分析我们遇到的每一个的创业者，并以此调整访谈方向，积累了不少心得。

现在，上大决心将创业案例汇编成册，我相信这不会仅仅是一本案例和商战技巧的书，里面描述的更是一个个活生生的创业者和他们的团队。对于那些还没机会去尝试承担创业风险的学生而言，最好的教育莫过于真实地去了解创业者，消化一段段经历，体验真实的创业。走出恐惧让人坚强；拨开迷茫我们有了信念；学会谦卑才感觉到胸怀；解决冲突而后抓住人心；经受打击才知道自己的强大。

我相信一本真实的案例集和一群走心的老师，会为学生带来一片财富的天空，创业是人生成长加速器，每个学生都应该去体验下，那是传统教育中学不到的东西。推荐这本书，也感谢那些为此书付出的老师们！

国家一级人力资源师，国家二级心理咨询师
上海大学生科技创业基金会-上海创业力评鉴中心主任
戚永康
2018年9月14日

案例使用说明

本书中所包含的案例分为五个主题,即创业行为、创业规划、创业团队、创业环境和教学手册示例。除创业环境的案例以外,其他案例都是在实地考察访问获得基础资料后经过总结获得的。这本书中的案例,可以广泛地应用于大学本科创业管理、市场营销类的教学中,也可以用于初创企业的相关培训中。这一案例集的阅读群体包括对创业有兴趣的大学生、研究生、初创企业管理人员和相关课程的教师等。

针对教师的需求,本书中的每一个案例涉及案例正文和使用指导两个部分。本书提供了案例摘要、教学目的和要求以及相关问题,并在第五部分中提供了几个案例的教学手册以供使用者参考借鉴。

"上海大学悉尼工商学院案例中心"致力于案例教学的普及,支持案例研究的发展。读者对于本案例集的任何意见,都可以向我们反映。

目录 CONTENTS

第一部分　创业行为 ……………………………………………… 1

案例一　"考霸"：冉冉升起的校园之星 …………………………… 3

 一、项目概况 / 4

 二、创立之初 / 5

 三、危机四伏 / 6

 四、更替发展 / 7

 五、新的挑战 / 9

 案例使用指导 / 12

案例二　适应中美环境，创造独特优势 …………………………… 14

 一、大学生活 / 14

 二、寻寻觅觅 / 15

 三、商业道德 / 18

 四、本土策略 / 19

 五、如履薄冰 / 20

 六、人才，人才，人才！ / 22

 七、百亿市值 / 24

 八、反思 / 26

 案例使用指导 / 27

案例三　美丽产业的艰难开拓 ······································29

　　一、美女创业 / 29

　　二、美丽产业 / 30

　　三、说干就干 / 31

　　四、分享喜悦 / 34

　　五、压力山大 / 36

　　六、再出新招 / 38

　　案例使用指导 / 39

案例四　"校园帮圈"的求生之路 ···41

　　一、何去何从 / 41

　　二、风险和难题 / 43

　　三、绝地逢生 / 45

　　四、项目推广 / 48

　　五、喜忧参半 / 49

　　案例使用指导 / 52

第二部分　创业规划 ···55

案例五　行动与计划：万融集团创业规划的由来 ·····················57

　　一、班长 / 57

　　二、从赚钱到创业 / 58

　　三、克服一切困难获取创业资源 / 59

　　四、没有规划却充满信心的起步 / 61

　　五、云南风光好，遍地机遇多 / 62

　　六、绿肴尚品，产品组合 / 64

目 录

七、永生花开，贵人相助 / 64

八、创业规划，集团未来 / 65

案例使用指导 / 70

案例六　打造文化符号，体味饕餮盛宴：塔顶泰国时尚餐厅发展之路 ……… 72

一、美食相伴 / 72

二、国际化管理团队 / 74

三、独特的客户定位和营销模式 / 76

案例使用指导 / 80

案例七　新能源创业新秀的新商业模式 ……… 83

一、行业背景 / 83

二、二次创业、凤凰涅槃 / 85

三、另辟蹊径拓业务，不断反思向前看 / 87

四、团队管理有保障，齐心协力创未来 / 88

五、展望新能源，前景无限好 / 89

案例使用指导 / 91

案例八　"盒马鲜生"：生鲜电商新零售 ……… 94

一、生鲜电商风起云涌 / 95

二、盒马模式引领风潮 / 95

三、精准选址，场景定位 / 96

四、模仿者的挑战 / 97

案例使用指导 / 99

第三部分　创业团队 ……………………………………………………… 101

案例九　走出黑暗期：核心团队形成的魔鬼过程 ……………………… 103
一、创业的种子，一不小心就发芽了 / 105

二、团队初养成 / 106

三、冲破黑暗 / 109

四、云淡风轻 / 110

案例使用指导 / 111

案例十　跨代际狼性团队的打造 ……………………………………… 113
一、不安分的创业之心 / 113

二、留住创始团队的信念 / 115

三、激活核心团队的狼性 / 117

四、对 90 后员工有招 / 118

五、当兵留下的烙印 / 119

六、创业路上的那些坑 / 120

七、倔强的脆弱 / 123

案例使用指导 / 124

案例十一　二次创业：西口印刷转向创意文化的战略变革 ………… 126
一、社会公益活动 / 126

二、产业转折 / 127

三、折纸业务 / 130

四、AR 技术 / 133

五、"西雅图" / 134

六、协同 / 135

目录

案例使用指导 / 138

第四部分　创业环境 ……………………………………………………… 141

案例十二　科技企业加速器：为科技企业成长保驾护航 ……… 143

一、加速器的特征 / 143

二、漕河泾创业中心的创业加速器 / 144

三、寻求新突破 / 147

案例使用指导 / 154

第五部分　教学手册示例 ………………………………………………… 157

"'考霸'：冉冉升起的校园之星"案例教学手册 ……………… 159

一、案例分析思路 / 159

二、课前阅读建议 / 160

三、理论依据与分析 / 160

"适应中美环境，创造独特优势"案例教学手册 ……………… 166

一、分析思路 / 166

二、课前阅读建议 / 167

三、理论依据与分析 / 167

四、关键要点 / 170

"美丽产业的艰难开拓"案例教学手册 …………………………… 171

一、分析思路 / 171

二、课前阅读建议 / 172

三、理论依据与分析 / 172

　　　四、关键要点 / 175

"'校园帮圈'的求生之路"案例教学手册 ········ 176

　　　一、案例结构 / 176

　　　二、案例讨论参考要点 / 176

　　　三、理论依据与分析 / 181

"打造文化符号,体味饕餮盛宴:塔顶泰国时尚餐厅发展之路"案例教学手册 ········ 185

　　　一、分析思路 / 185

　　　二、课前阅读建议 / 186

　　　三、理论依据与分析 / 186

　　　四、关键要点 / 188

"新能源创业新秀的新商业模式"案例教学手册 ········ 189

　　　一、分析思路 / 189

　　　二、课前阅读建议 / 189

　　　三、理论依据与分析 / 190

"二次创业:西口印刷转向创意文化的战略变革"案例教学手册 ········ 193

　　　一、分析思路 / 193

　　　二、课前阅读建议 / 194

　　　三、理论依据与分析 / 194

　　　四、关键要点 / 198

目 录

五、建议的课堂计划 / 199

特别致谢 / 200
相关支持和联系方式 / 201
后记：创业是一种怎样的体验？ / 203

第一部分

创业行为

案例一

"考霸":冉冉升起的校园之星

2016年9月8日晚上8点,王想想准时出现在田径场上。每天晚上绕着田径场跑10圈已经成了一种习惯,但是最近王想想总是心事重重,跑步的同时还在不断规划着"考霸"下一步的发展及挑战。

"考霸"是上海大学悉尼工商学院(以下简称"悉商学院")内部的一个微信平台,专注于为在校学生提供各类学习资料、考试重点、竞赛比赛、留学信息以及有趣的平台互动活动等信息。目前在百度及谷歌上面搜索"考霸"一词,出现的第一项词条就是"考霸"的官方网站。王想想曾代表"考霸"团队参加了上海市高校联盟创新创业大赛,该队从预赛30多支队伍中脱颖而出,最终在决赛中获得了二等奖。这对于一个年轻的创业团体而言,无疑是一种肯定和鼓励。

作为创始人的王想想,虽然才刚刚步入大三,却有着丰富的实践经验和获奖经历。他曾主导设计上海海关稽查证管理系统及在线考试系统、地铁17号线施工管理系统,并曾在上海拓者软件科技有限公司担任总经理助理一职;曾获得校级优秀干部、市级平面设计三等奖、中国盐城2015年大学生创业创意项目大赛一等奖等奖项。团队的其他成员也都各有所长,如负责技术的方泉于2006年开始多次创业,2009年创立"拓者软件",开发经验丰富;负责市场的陈荣系"饿了么"前任市场部高级经理,先后负责上海地区、江浙地区的推广,市场开发和推广经验丰富。迄今为止,"考霸"团队核心成员有11名,其中股东包括5名成员。总体来看,40%的成员具有5年以上工作经验,60%的成员是激情勇敢的90后,80%的成员具有创业经历,但是100%的成员都热爱这份梦想。

目前,"考霸"微信平台在悉商学院大受欢迎。打开朋友圈,随手一刷就可看到同学们分享的高等数学作业答案、精美PPT模板、"挑战杯"竞赛信息等。尤其在近年来的中秋节前后,"考霸"平台推出的"送月饼"活动,可谓在朋友圈风靡一时。经过不到两年的发展,"考霸"在学院内部已经有了非常可观的粉丝群,名副其实地成为同学之间交流学习、生活的平台。在此基础上,"考霸"也逐步打开了广告收入的市场,与25家公司、机构、连锁店达成了合作,与其中18家签订了广告协议。同时,为其他公司或者产品做导流的工作也正在有序地推进,并与现有广告主进行相关事宜的洽谈。

一、项目概况

随着移动互联网的不断发展和完善,企业家们和创业者不断从中发现了潜在的商机。在移动互联网时代,出现了以下五种盈利模式:移动电子商务、网络广告服务、社交网络服务、软件行业和移动支付端。虽然大部分盈利模式对资金、技术等有较高的要求,创业人员因资源和条件的限制无法进入,但随着社交媒体尤其是自媒体的兴起和大众化,许多创业者从中发现了新的商机。微信公众平台自2012年8月23日诞生以来,凭着"再小的个体,也有自己的品牌"的口号,迅速打开了注册端市场,公众号平台所发推文除了有舆论、思想的影响力外,也同时具备了商业价值。目前,微信自媒体的盈利模式主要有:品牌广告流量广告软文、电商导流;增值服务如会员制、私人订制、咨询服务培训;共享经济如众筹众包、线下导流等[1]。

"考霸"信息共享平台正是结合移动互联网的红利和学校教育的刚需成立起来的。在分析校园学习环境后,"考霸"将自身定位为校内学习社交平台,主要目标人群为"学霸""学渣"和老师,次要目标人群为校外教育机构和其他用户。根据目标人群各自所具备的技能和需求,"考霸"将实现双方资源的交换,如"学霸"和"学渣"之间资料和财富值(钱)的交换。面对外部目标群体,"考霸"通过自身平台实现对教育机构的品牌宣传和对广告主的广告投放,从而获得盈利。微信公众号作为"考霸"的营销渠道,将实现学习相关信息的展示和对"考霸"官方网站的引流。"考霸"网站专注于进行专业资料的分享,后期"考霸"还将在此基础上开发APP以形成相辅相成的价值点。

在目前已经实现广告收入的基础上,根据团队设计的发展计划和赢利点,下一步的计划是为其他产品或者公司做导流,"考霸"也正在就导流与现有广告主积极进行洽谈。后期盈利目标还包括实现会员收费、"考土豆"收费、衍生产品收费、数据收入并致力于成为高校的线上教育工具。一系列振奋人心的目标已经清晰地刻印在王想想的心里,而要一步步实现这些规划,首先面临的就是用户群扩展和融资问题。"考霸"项目在悉商学院所在校区已经站稳脚跟,目前正在着手向有更大用户群的主校区拓展的工作,这对于"考霸"的发展极为关键。与此同时,为了能在主校区拓展实现后即进行对外融资,关于融资的规划和准备工作也要开展起来。开学伊始,除了对学习进行规划外,王想想也在不断地思考"考霸"需要进行的工作和可能遇到的挑战,同时也不禁回想起"考霸"成立以来的种种。

二、创立之初

2014年深秋,校园里都是来去匆匆的身影,而图书馆成了最受欢迎的去处,甚至可以说是一座难求。是的,上海大学的考试周到了,每逢考试周,食堂里、校园里都能听到三五成群的同学在讨论哪门课什么时候考、重点考什么、有哪些复习资料等。王想想同样加入了备考大军,通过平日里的积累,王想想针对每门课程分门别类地整理出各种资料以供复习备考。而根据以往的经验,这些资料对于复习考试是非常有用的。复习资料在考试周期间简直是学生的最爱,随着大家有意无意的交流,不断有室友、同学找王想想要复习资料,而且要资料的人数越来越多,王想想突然产生了一个念头:做一个学习平台把资料分享给大家,在方便传阅的同时也可以将辛苦整理的资料保存下来。通过与同学的沟通,王想想敏锐地发现收集整理复习资料是一个"痛点",如果能做好一个分享资料的平台,在学生群体中必然会有相当大的受众。考虑到自己并未参加各类学生社团组织,空暇时间较多,王想想希望能做些有意义的事情来提升、充实自己的大学生活,同时家人的创业经历也给了他很大的鼓励,于是就下定决心将这个想法做成一个项目。

2014年11月13日,"考霸"平台进行了第一次微信推送,项目自此诞生。一开始所有的工作都由王想想一个人负责。做了两个月后,王想想发现自己一个人忙不过来,便开始尝试找身边的小伙伴一起来做。考虑到时间、秉性、态度和能力等方面的需要,项目慢慢吸收了一些新的成员,组建了"考霸"团队。在老师和同学的帮助和支持下,"考霸"很快有了不错的发展。2015年4月2日,"考霸"获得了学院领导的支持。4月8日,学院授予"考霸""微信官方第一平台"称号。4月24日,资料收集模式升级,产品模式逐渐清晰。7月22日,开始梳理产品脉络,设计产品原型。项目似乎逐渐步入了正轨。

三、危机四伏

在"考霸"决定梳理产品脉络、设计产品原型时,正好处于暑假期间,校园也从热闹中安静了下来。因此,团队正好可以把大部分精力放在思考产品脉络和设计原型上面。然而在两个多月的假期里,项目并没有任何大的进展。对于"考霸"下一步的发展规划,团队尚未确定清晰的思路,产品原型设计也遇到了技术上的问题。这时候,负面情绪开始在团队里蔓延,很多团队成员看不到项目的希望,慢慢都散了。"考霸"遇到了成立以来最大的危机,项目是否还可以继续做下去呢?

面对关乎生存的危机,王想想内心极度煎熬。一旦放弃,那么一直以来所有的心血都白费了。很长一段时间,王想想都在考虑项目要不要继续做下去以及如何继续做下去的问题。后来,王想想遇到了一位程序员,两人针对项目的危机进行了深入的探讨和分析。通过不断的分析和讨论,这位程序员让王想想有了继续做下去的信心。"考霸"项目是可以继

案例一
"考霸":冉冉升起的校园之星

续做下去的,发展思路可以逐步完善,技术问题可以解决,团队成员也可以重新寻找。即便项目最终不能成功,但现在还是可以继续做的,并没有到放弃的程度。在对各种情况分析之后,王想想重新振作了起来,决定把项目继续做下去。2015年9月10日,"考霸"技术部组建完毕,开始进行产品原型的升级。至此,"考霸"成功地度过了生存危机,开始了进一步的发展。

四、更替发展

经历过暑假危机后,"考霸"团队的成员有了很大的更替。基于种种原因,比如觉得自己不适合创业、对项目不认可、坚持不下来等,很多成员陆陆续续离开了团队。在吸收新的成员的同时,王想想也在考虑团队内部的规则、文化建设以及向外发展等问题。

虽然是学生创业团体,但为了确保团队的稳定、公平和有序发展,王想想决定在团队中明确并建立一定的行为准则和决策流程。尽管内部的一些规则并不是很详细全面,某种程度上更像是一种"不成文的规定",整个团队对这些规则却是十分认可的。比如关于会议考勤制度、任务 deadline(最后期限)规定以及错误惩罚措施等,团队中每个人都非常熟悉,执行起来也毫不含糊。关于工作的 deadline,即便某个成员只晚了一秒,也属于超过了规定的期限。如果有成员在工作中犯了比较大的错误,按照规定这个成员就需要以写检讨书作为惩罚,甚至是"预扣工资"(目前"考霸"还没有向团队成员发放工资,但是应发的工资都已保存在相关记录中)。

决策权限方面,为了保证工作的顺利开展和推进,王想想一开始就和团队其他成员做了相关约定。在小的事情上,负责的相应成员可以自行决定;重要一些的事情,团队会针对该事宜组织讨论,之后根据讨论的情况决定具体的方案,如果讨论后出现了两种意见,无法决定解决的方案,那么团队就不会再进行讨论,而是由王想想直接决定解决方案。"我们之间如果有意见不一致的时候,要么你说服我,要么我说服你,如果互相都说服不了对方,那就按我的办",王想想和团队其他成员这样约定。有了这样的共识,团队决策基本都进行得很顺利,做了决定后,团队朝着一个方向努力,极大地避免了内部矛盾和资源内耗。

一个"领导",要想让团队成员发自内心地"服气",只靠规则是远远不够的。而20岁的王想想作为团队中年龄最小的一员,要想成为让大家心服口服的"领导"似乎更不容易。当有人向王想想提出疑问时,王想想这样说道:"我觉得一个领导不应该跟他的下属比能力,他应该比三样东西,比眼光,比胸怀,比坚持。"项目成立之初,团队很多人都认为"考霸"应该做成一个大的平台。经过深思熟虑,王想想决定只做"学习"这一个点,毅然决然地把"学习"之外的东西都砍掉了。对于这个决定,当时大部分成员都是反对的,他们觉得只有"学习"这一个点形不成闭环,很难走通。但实践证明"只选'学习'一个点"的决定是对的,由于经验和资源的限制,太大的平台反而是做不成的。当项目逐渐有起色后,一些在项目有困难时退出的成员想要重新加入时,王想想依然会接纳他们,并合理地安排现有成员和重新进来的成员的工作,做好团队之间的协调。随着项目的不断成长,王想想对团队和项目的感情越来越深,每天学习和工作时间长达十七八个小时,坚持对于王想想而言已经成为一种自然而然的常态。

当然,作为充满活力的20出头的"小青年",自然热衷于各种聚会、活动。团队有了喜事,大家会一起出去聚餐庆祝;出现问题大家开会解决后,也会组织活动进行庆祝。成员之间偶尔出现小矛盾时,王想想会及时出现帮助他们解决。当有人(包括王想想)情绪不好的时候,也会对其他人"发发火",发泄后就会意识到自己的不对,大家也都能理解包容。这些活动以及小摩擦逐渐加深了成员之间的感情,在充满活力而又融洽的氛围中,"考霸"更加完善起来。2016年3月1日,PC端网站上线,实现了"考霸"从微信公众号向网站引流的初步发展。

2016年4月10日,"考霸"微信端获得第一笔广告收入。这个标志性的事件肯定了"考霸"团队之前的方向和努力,团队成员也是异常欣喜。在广告融资方面,"考霸"会把客户的规模和性质作为首要考虑因素。一般而言,"考霸"倾向于选择规模较大、有延续合作可能性的广告主,如大型的教育机构、连锁店等。这样"考霸"就掌握了一批有价值的客户资源,"这些资源悉商学院能有,主校区能有,到了其他高校都能有"。

在实现广告收入的鼓舞下,"考霸"有了持续的发展。2016年5月24日,网站2.0版本上线;5月30日,网站签订第一个广告协议;6月1日,网站上线第7天,校区用户注册率突破25%;6月7日,考试结束,"考霸"活动完美收官。一系列可喜的成果,证实了"考霸"在校区大获成功。

五、新的挑战

随着"考霸"在上海大学嘉定校区不断取得成功,又适逢考试周结束,"考霸"准备将该项目推广到全校范围内,其中主校区是重中之重。2016年6月20日,"考霸"开始进行主校区(宝山校区)的拓展;7月5日,主校区团队组建完毕;7月13日,主校区进行第一次推送,微信用户数超过150人;7月15日,"考霸"开始准备迎新事宜。到9月初,主校区已成功发展了将近1 000个微信粉丝。

进军主校区是"考霸"项目发展过程中极为关键的一步。在学生数量方面,主校区和分校区相比有着很大的优势,这就意味着如果"考霸"能顺利在主校区推广,"考霸"的用户覆盖面积将会实现极大的飞跃。但是要想顺利实现在主校区的推广,对"考霸"而言也是个不小的挑战。微信平台在学院内部的成功推广确实给团队积攒了宝贵的经验,但同样的模式是否也能在主校区顺利实现?如何了解主校区同学的学习需求?如何找到同学所需要的学习资源?如何保持吸引到的学生粉丝?这些问题都需要"考霸"慎重考虑并设法找到合理的解决方案。令王想想对主校区推广很有信心的一点是,"考霸"已经在主校区成功组建了高效的团队。但面对一个新的群体和环境,"考霸"团队仍要高度重视可能会遇到的困难阻碍。

在进行项目推广的同时,王想想也在思考"考霸"下一步的发展。要想把一个项目做强、做大，一定的资金是必不可少的。目前"考霸"虽然有稳定的广告收入，可以维持短期内的运营与推广，但要实现"考霸"的跨校区、跨区域推广，以及进一步开发 APP、组建公司等，必然需要向外界进行融资。因此王想想对融资一直在规划着，但计划是在主校区取得一定的成绩后再开展融资的具体工作。按照王想想的计划，初次融资的目标是 100 万元，而这笔融资的主要用途是提高用户覆盖面积。对于学生创业项目而言，100 万元的融资目标绝对是个不小的挑战。首先，团队需要寻找到接触投资人的途径，其次要有可行的方案和规划去"打动"投资人，同时也要考虑投资人的股权份额问题，在融资的过程中很可能还会遇到其他的问题。要想拿到融资，如何才能做到万无一失呢？这对王想想及其团队是极大的考验。

"考霸"的发展壮大必然会引起团队组织结构的变化，"不成文"的规定可能会在管理中遇到各种问题。长远来看，"考霸"是否需要对现有的产品模式和赢利点进行创新，也是团队需要考虑的问题。面对种种的挑战，这个年轻的有梦想、有激情的团队会怎样应对呢？

附录一："考霸"网站页面一览

案例一
"考霸"：冉冉升起的校园之星

附录二："考霸"产品模式介绍

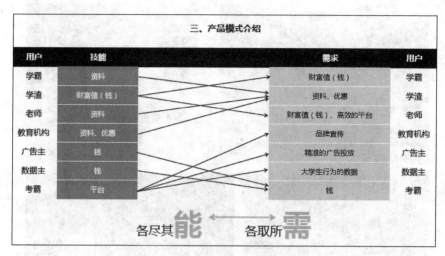

资料来源：案例公司提供

附录三：赢利点介绍和规划

四、赢利点

六大赢利点	解释	考霸的相对优势	实现情况
1.广告收入	给教育机构、学校周边商家等目标人群是大学生的公司做宣传、品牌推广等	用户人群特殊，可以做到精准投放；用户停留时间长、频次高；	**25家** 公司、机构、连锁店达成了合作 **18家** 签订了广告协议
2.导流接口	为其他公司或者产品做导流	用户黏性高，频次高；成本低；	正在洽谈现有广告主，希望于2016年10月份开始尝试接入
3.会员收费	向不同等级会员收费	考试是刚需，会员数将占据普通用户中相当大的一部分	
4.考士豆收费	用户购买考士豆的钱将是考霸的收入		
5.衍生产品收入	衍生出其他产品或者服务进行盈利	用户数量大，网络效应将导致更多的服务衍生	后期实现
6.数据收入	考霸的大数据可供专业的公司进行分析	考霸拥有大学生学习和社交行为的精准数据	
7.作为高校的线上教育工具	每个学校的老师都渴望有一个平台将资料和课程进行整合，考霸可以租给他们	条理清晰的平台框架；定制化的后台管理模式；	

资料来源：案例公司提供

附录四：活动场所、会议室及讨论区

资料来源：案例公司提供

参考文献：

[1] 郎清平. 日趋理性成熟，泛媒体化和商业化并存：微信公众号发展现状、问题及趋势[J]. 新闻战线, 2016(09): 33-35.

案例使用指导

一、案例摘要

"考霸"项目属于大学生创业的典型代表，在创始人王想想的带领和努力下，"考霸"从创立以来的两年时间里取得了快速发展。作为学生创业项目，"考霸"成立来源于学习实践，曾因为定位不清晰、态度不坚定面临解散

案例一
"考霸":冉冉升起的校园之星

的危机。在王想想慎重思考后,"考霸"重新组建了团队,并清晰地确定了"考霸"的发展方向、产品模式、团队规则等关键理念,凭着团队的热情和坚持逐渐站稳了脚步,并开始向外拓展和准备融资工作,为进一步的发展奠定基础。通过对本案例的学习,学生能够清楚地了解创业项目的发展历程,以及创业过程中遇到的问题和挑战,并激发学生思考解决问题和挑战的方案,增强学生对创业和管理实践的认知和理解。鉴于该项目进展迅速,笔者将持续跟踪"考霸"项目的后续发展,并对案例进行及时更新。

二、教学目的与用途

本案例适用于"创业管理""新媒体营销""企业文化"等课程。其中"创业管理"课程适用于讲授初创企业的管理与发展,"新媒体营销"课程适用于讲授移动互联网的商业模式与实践管理,"企业文化"课程适用于讲授企业文化的构建与作用。

1. 本案例的教学对象:工商管理类本科生、管理类研究生以及MBA。
2. 本案例的教学手段:分析研讨。
3. 本案例的教学目的:了解创业项目成长中的"喜"与"痛",加深对创业和管理实践的理解。

三、启发思考题

1. 创业动机很大程度上决定着创业的成败,结合"考霸"案例,理解创业及创业动机的内涵并分析王想想的创业动机及其作用。
2. "考霸"的商业模式是什么?在设计产品原型时应考虑哪些因素?
3. 企业文化的内涵意义是什么?"考霸"是如何进行企业文化建设的?
4. 随着企业的发展,创始人也会不断地成长。结合案例,分析王想想在"考霸"不同阶段的心智模式(认识客观世界的"模型")和变化,并总结一个优秀创业者所应具备的特质。

案例二

适应中美环境,创造独特优势

一、大学生活

提起大学生活,温姜培总爱说他的三件大事:第一件是成立了商贸协会,初步管理了三十几人的团队,商贸协会成立的第一年就和学生会"叫板",举办的活动在校园里具有一定的影响力;第二件是参加了温州青年企业家协会,凭借良好的语言表达能力,成为副会长;第三件则是和中国科技大学、清华大学的几个做技术的同学一起成立了公司,他负责营销,虽然公司没有做多久就关掉了,但那段经历十分难忘。

"在大学期间,要多折腾,无论是学习、社团活动、社会工作,要不断地去折腾。"这是温姜培在大学初期的想法。但是从大三开始他认真地思考问题:为什么是自己找别人,不是别人找我,因为我没有一技之长,如果我有一技之长,我可以为别人带来价值,别人才有可能来找我。想清楚之后,他舍弃了大二的企业资源、社团活动,全身心做学业,专注于市场营销,努力学习,去美国留学,读研读博,希望在市场营销这个方面学透彻之后,回国能有一技之长。想清楚之后就开始努力,大三那年,他把之前所有 90 分以下的课程全部重修到 90 分以上,大三 GPA 达到本专业前 3%,拿到了上海大学特等奖学金。雅思考了 4 次,最后考到 7 分,GMAT 达到 690 分,申请到了美国的高校。大四的时候在新加坡一家贸易公司实习,发现自己更适合就业,不适合继续做学业。开始有了创业的想法。于是在这个方向上,一步一步发展到了现在。

案例二
适应中美环境，创造独特优势

二、寻寻觅觅

2010年8月，温姜培大学毕业，毕业后在上海的一家公司工作了将近两年，他将那家公司的外贸部从零搭建起来，做了几百万元的生意。然而，温姜培不满足。

2012年时，他想，如果继续在上海做，可能5年时间可以做到几千万元，但是如果没有模式上的创新，无法做到几个亿元，只有出去才有做到几个亿元的可能。"按照这个模式来做，可以做到三五个亿，但是这已经不是我想要的了，我想做十几亿，几十亿，甚至上百亿的一家公司。这就要求前面的基础工作做好以后，再多做一步，直接面向消费者这样一个平台去做，只有延伸产业链，往产业链的下一个方向走，规模才会更大。目前也是一样的，按照目前公司的情况，再过几年，几个亿是没有问题的，能做得到。可是就算做到了，那个时候我已经35岁了，没有什么意义。"

2012年8月，温姜培一个人到了纽约，开始在纽约创业。"8月份我一个人过去以后，在那边租办公楼、招聘、跑业务，整个过程都是我一个人跑下来的，所以对于美国，特别是纽约的情况比较熟悉。在纽约待了将近8个月，比较稳定之后，我回国，在国内继续与美国那边做配合。"温姜培建立的商业模式是在发达国家，特别是美国纽约，成立销售公司，而在中国是成立采购公司。在国内的采购公司，分别设在上海、珠海，因为这两个地方各方面的生产配套都比较成熟。

异国创业非常艰辛，初到纽约什么都不懂的温姜培只能慢慢问，比如说通过什么样的渠道找房子，招聘员工，找会计师、律师、保险公司，慢慢了解，一步步走下来。

温姜培从事的行业是化妆品行业，主要是彩妆类，从最开始做化妆品的包装到现在做化妆品的成品，将来想做化妆品的一个品牌。怎么做？温姜培参考了很多中国人如何在美国做企业的案例，虽然有一些比较成功的例子，但是非常少。这一块大部分的利润、销售额还是掌握在中国香港人或者说是美国本土企业的手上。"中国内地的像我这样子出去做的,应该说是凤毛麟角。"

对于创业机会的寻找,温姜培做了一些解释:"我当时一个想法,或者一个出发点,就是要跟别人做的不一样,跟中国人做的不一样。那怎么不一样呢?我去研究行业里做得比较大的一些公司,它们的商业模式其实是非常简单的,就是在发达国家有销售模式,当然它们做得比较大了以后,在欠发达地区包括东南亚、东欧建立采购公司,所以模式是非常简单的,就是以比较低的成本去买,赚有钱人的钱,做一个贸易差额。所以我们这个模式也是非常简单的。那么,我为什么选择化妆品这个行业?其实理由也很简单:第一,它属于"她经济",也就是说女性消费者的购买力是最强的。第二,它是一个快消行业,会有不断重复的购买。第三,它是一个时尚行业。时尚行业的变化比较多,我会觉得很有意思。另外,你如果有很好的创业基础,又涉及时尚行业,那么你的一个设计、一个研发就能发挥它的作用。所以基于这三点,我就锁住了化妆品行业。而且这个市场规模很大,只是美国市场一年就可以达到千亿美金的市场规模,行业发展良好。"

在考虑创业机会时,温姜培已经想到了他应该怎样建立自己公司的竞争优势,特别是如何不被国内竞争对手模仿。

"另外比较重要的一点是,在中国有很多和我们同样的竞争对手,但他们是比较传统的做法,就是在国内成立一个销售公司,用电子邮件或者电话进行沟通。同样的外贸公司,我们的优势是有美国本土的销售公司。传统模式存在的三大问题:第一,语言问题,即使英语学得好,也很难和 native speaker(以英语为母语的人)无障碍沟通;第二,文化差异,当地的俚语、典故、习惯等是无法通过口语学习学到的,这样就无法和他们建立起更亲密的关系;第三,时差问题。所以基于这三点,我们跟中国的公司比较的话,我们的优势就体现在这三点。如果我们跟国外的公司去比,它们的总部在外国或者它们的老板是外国人的话,我们的优势就体现在'快'。因为我们没有很多的管理开发,流程并不保守。时尚行业,做任何的决定必须得快。我们

案例二
适应中美环境，创造独特优势

基本上能在一到两个星期内完成推销给客户一些市场上的产品，而行业内一般要一到两个月内才能完成。由于我们的管理成本比较低，跟国外的公司比，我们的运营成本就会比较低，这样我们就可以以中国的价格提供美国的服务，让我们的客户觉得性价比非常高，速度快、质量好、价格低。国外的大公司的客户都是行业里面排名靠前的。实际上大部分的客户群体是在中间部分，他们很多是被忽视的，只能通过像阿里巴巴这样的平台去找一些供应商。当我们在美国本地有了这样一个服务点后，客户只要拿起电话就能直接找到我们，有什么问题可以直接沟通，而且他们整个加起来的体量还是非常可观的。因此，基于差异化、低成本、专注，我们的商业模式就基本出来了，而且非常清晰。就这样坚持做下去，不断地给客户提供更好的服务，所以我们从2013年盈亏平衡到2014年盈利再到2015年，基本上每年都增长100%，然后按照今年这个速度的话，差不多今年销售额能够做到1亿元左右。"

凭借着这样一个打通国内外需求的清晰的商业模式，从2012年到2013年一年半左右的时间，公司实现盈亏平衡，到2014年销售收入快速增长，2016年销售额超过了1亿元。谈及以后的规划，温姜培说："同行业里一些做得比较成功的公司，有几家被国外投资公司收购，也有在法国上市的等等这些都可以作为我们的参考。所以，我们基本的一个商业模式是很符合'微笑曲线'理论的，我们把设计研发这一端和市场营销、销售这一端把握在自己手里面，其他的，比如生产，我们就全部外包。外包在长三角和珠三角地区，这些工厂基本上都有一二十年了，所以它们的生产是比较成熟的。我们主要利用它们成熟的生产经验，把它们的两头抓住，下一步就是着重增强这两头的动作，比如说怎样去增强销售队伍的构建，销售队伍目前是在纽约，之后可能会在洛杉矶再成立一个分公司，毕竟西部和东部还存在时差。研发这端，我可能会去收一些配发实验室，或者是收一些设计公司，以一个轻资产、重文化、重设计、重营销的方向去发展，因为生产这一块，只要能想得到，在中国基本上是都能做得出来的。"

在经历了这段时间的创业以后,温姜培认为,国际化创业要想成功,基础就是要把自己的渠道做好,具体来说有三点是必备的:一是行业经验,要清楚每家商场、工厂的优势和劣势。当然,这需要一些前期的合作,通过合作了解对方擅长做什么、经营理念、运营水平等,这些是行业的积累。二是人才的积累,这是最核心的,也就是公司国内外团队的人才的积累和锻炼。如果长期做美国市场,就需要国外的销售人才、设计师、收集前沿产品的团队。三是资金的积累,因为规模比较大的合作公司会涉及,所以阅读案例,关注国外做得不错的品牌会被什么企业收购。温姜培认为需要大约5 000万元到1亿元的资金积累,这三个部分都准备好了才能走到下一步。他目前在做的是包装材料和成品的积累,这些也是为了以后的发展做准备。就像孩子的成长,要通过幼儿园、小学、初中、高中慢慢地积累,才能成才,这是一个持久战,如果一蹴而就,很有可能会面临失败。当然,这样的选择也和他的性格、经历有关,温姜培说自己更适合平常实业型的创业,而不适合互联网创业。

三、商业道德

汇率变化是国际化需要关注的重点问题。公司1亿元的销售额,毛利率达到了30%。温姜培解释说,毛利率高的一个原因就是美金上涨,从公司创立到现在,美金差不多上涨了7%左右。

合理利用中美两国环境差别,也可以为企业发展带来优势。温姜培认为美国是比较成熟的市场经济环境,在美国做生意,应收账款基本可以按时收回,而且坏账损失较低。"我们公司非常守信,而且账期都定在30天,低于国内常见的60天的账期,因此国内的合作工厂都非常愿意跟我们做生意。"

怎么样使企业更上一个台阶?还是要抓商业模式上面的这两端。从行业上讲,要不断地往下游走,目前企业是从做包装材料起步的,包材上面是原材料,下面是成品,成品下面是渠道,渠道下面是品牌。所以在整个产业

| 案例二 |
适应中美环境,创造独特优势

链里,希望最终在三到五年内做成一个品牌,类似于知名度比较高的兰蔻、雅诗兰黛这样的品牌。这个是温姜培最终的目标,以这样的方式做成功的企业也是有的。

温姜培也接触过很多的中国工厂。中国工厂经过改革开放这么多年,无论是设备还是人员,各方面还是不错的,但问题就在于没有一个好的销售出口。即使是做外贸出口的厂家,也没有采取在国外设点或者说在国外有办事处的经营做法,这种做法实际上是可以很快带出一条路来的,因为美国人跟美国人之间更容易有信用感。化妆品彩妆行业相对来说还比较小,像服装、鞋帽、玩具这种比较大的行业,如果按传统做法,会有难度。

国内会比较注重关系的建立,但温姜培说他不会刻意经营外部关系,比如与政府接触少,供应商有专员采购,希望因为产品的高质量和高性价比做生意,而不是关系。之前他会找一些协会、商会,但是比较传统、专注的性格,使他不同于接替父辈事业的同龄人,目前更喜欢专注,工作上不参加无用社交,生活中注重陪伴家人,只有行业里面的人才才会令他三顾茅庐。温姜培认为只做对公司和个人的发展有帮助的事情。

四、本土策略

创业的主要问题是人才,人才一定要本土化。温姜培在纽约开设一家贸易公司,专职销售,雇佣3位当地白人作为雇员,分别负责销售、销售助理和产品研发,雇佣3个人的每年成本将近300万人民币。温姜培的工作仍然是开辟市场,参加行业会议寻找合作伙伴。在新泽西与一家有实验室配方的公司合作,一起举办了一个慈善晚宴,邀请行业里面的大公司参加,帮助小孩改善健康问题。

公司在上海这边大约有12个员工,有采购、修机、产品开发、设计、人事、行政、财务,所以公司的人均产值比较高,将近800万元。温姜培采用的是轻资产模式,最有价值的还是人才,如果是好的人才,薪酬可以沟通。目前国内十几个人的开销差不多在两百多万元,当然还要再看业绩,业绩好就会有提成,会分享部分利润。

温姜培认为选择人才时,最重要的是他的价值观,人要正直、诚信,看重个人素质。然后是能力、经验,是否有行业资源。再是要看他的创造力。希望选择有创造力、学习能力比较强的人才。最后就是要有责任心,把事情当作自己的事业来做。所以员工的工资是行业平均的 1.5 倍。虽然工资待遇好,但是一个员工的工作量或者说工作强度可能是两个人的工作量。在选择员工的学历背景时,基本是内地大学毕业,到上海来需要机会实现抱负的,而不是上海地区高校毕业的,因为公司的定位就不是高大上的公司。所以基本上是基于这四点去评判一个人的工作能力。

温姜培公司的一个特点是没有应届生,但最少都要具备三到五年的化妆品行业经验。因为公司之前招过应届生,虽然应届生的工资会比较低,但实际上给公司带来的成本是高于整体平均成本的,因为温姜培的公司是创业型公司,讲求高效。比如行业内一家竞争对手,其总部在米兰,在巴黎、洛杉矶、纽约有销售公司,全球 200 多名员工。在中国,有苏州和香港 2 个采购点,200 多人的公司一年能做 3 亿多美金,所以他们的人均产值是相当高的。

五、如履薄冰

第一个困难就是虽然这个商业模式逐步想清楚了,人才也到位了,但是如果没有业务支持的话,都是空谈。第一关是在 2013 年的 6、7 月份。那时候,温姜培向父亲借了 300 万元人民币。虽然国内和国外的团队基本就位了,但是没有订单,没有一些好的客户来做支持。另一方面,由于这条创业的路完全是自己的主张,家里无法给予相应的资源支持,国内也几乎没有可借鉴的企业,只能靠自己慢慢摸着石头过河。初始资金快用完了,差不多快要放弃的时候,他安慰自己,如果没有钱,那就贴钱做,给自己定了一个 2 年的目标,2 年用 300 万元。同时,面对已经缺乏信心、状态不佳的国内外团队,作为创始人,他不能表露出一丝一毫的气馁,只能鼓励大家,给大家信心坚持下去。幸运的是,最后他们都坚持了下来。那一年,他 26 岁,还没

案例二
适应中美环境，创造独特优势

结婚。

2013年12月，公司快要实现盈亏平衡的时候，又发生了一次比较大的变故。在一个200万元的订单上出了质量问题，如果没有很好的解决，会涉及一笔很大的赔偿金额。对方在中国有供应商，温姜培的公司是给他们做配套的，他们的中国供应商在吴江。发现问题后，温姜培带着几个人过去做挑选的工作，将坏的东西挑出来，当时快过年了，人手不够，整整做了两个通宵。后来又写了担保书，承诺产品如果有任何的问题，就承担全部责任。最终幸运的是，没有客户投诉。温姜培感慨道："当时如果没有挺下来，可能就没有企业的现在。"

温姜培说面临的困难很多，最近也是一样。又有一批货出现了质量问题，运到美国后发现了问题，还好已经解决，无伤大雅。这笔订单涉及的金额虽然只有200万元左右，即使放弃这笔生意，也不会影响公司的发展，但是问题发生后，温姜培坚持帮客户重新做，主动承担相关费用，再重新空运过去。客户也知道，在生产的过程当中，很容易发生误解，但他们解决问题的方式让客户觉得非常满意，所以又将这个客户拉了回来。所以说，碰到问题真是太多了。因此，温姜培说："做了这么长时间，一直都有如履薄冰的感觉。随着企业的扩大，整个生产过程是相当复杂的，从客户到公司再到工厂，工厂那边从销售到生产再在到车间，整个链条比较长，一旦有信息传达失误，就容易出现问题，一旦出了问题就由我们承担，所以我们在整个过程当中需要不断去确认，从而保证整个生产链是没有问题的。"

一路走来，温姜培的心态就是如履薄冰，一件事情如果没有把握做好，那么就很危险。所以要在公司做大之后把风险慢慢分散出去，主要有两方面：一方面，要提高自身实力，尽量避免失误，如果是客户的失误就由客户承担，如果是工厂做错就工厂承担；另一方面，要尽量多接客户，做不同的客户，这样风险就被分散掉了。因此一定要做得专业，做专业的本质是什么呢，就是有尽职尽责的运营团队，而且要火眼金睛，可以看到潜在的问题，而不是只看到眼前发生的问题。这个不是应届生或是没有行业经验的人能做得到的，只有千锤百炼，在行业里面摸爬滚打多年的人才能够有这个意识。所以回归到企业的本质，还是人才。

六、人才，人才，人才！

在企业平稳运行以后，温姜培开始从实际工作中脱离出来，而专注于人的工作。具体来说，就是一直在想，公司3年怎么发展，5年怎么发展，10年怎么发展，发展到什么阶段应该配什么人才，配什么资源。风险处理或者质量管理，都是有专门的人来去做，所以温姜培的工作就是找到他们，将他们绑定进来。目前公司的核心人物：销售、QC主管、采购主管、设计主管，如何才能将核心人物绑定呢？

"我们采购主管，是外地人来上海工作，随着订单量大了以后，他稍微跟工厂砍价一毛钱两毛钱，就可能有几十万、几百万的资金。那我怎么把他绑定呢？我不断鼓励他去买房，但是他没有那么多钱，我和他说，没关系，我给你，但不是白给你的，我跟你一起买，也就是产证上写他的名字，但是我们一人出了一半的钱，一人承担一半的贷款，房子给你用，但是产权要一人一半，如果他以后卖掉的话，有一半的钱是我的。终于在2015年1月，采购主管在上海买下了房子，也就把他'绑住'了。"因为温姜培知道他的采购主管是1985年出生，已婚但还没有孩子，所以如果他想在上海落叶生根就需要有房子。他本来想在安徽老家买套房，温姜培劝他在上海买，2015年1月份210万元的房，到现在已经310万元了，他也很开心，就全心全意为企业工作。如果是人才，就要想办法将他"绑住"。因此针对不同的人，要明白他们的需求点在哪里，利用他的需求来"绑住"他，就不用担心离职或回扣的问题。而且温姜培也不吃亏，实现了双赢。

对于在纽约、珠海、上海三个城市的团队，温姜培将心比心，大家都是为了更好的生活，都是为了一个更好的未来，都是求名、求利、求发展，因此一般能够达到员工的要求。温姜培的管理心得主要有以下几点：第一，疑人不用，用人不疑。如果对他有怀疑，就会留有一段实习期，观察一段时间，但

案例二
适应中美环境,创造独特优势

是,一旦正式聘用,就采取散养的方式,对他做的任何事情都没有怀疑。第二,要互相尊重,如果员工有建议或想法可以直接当面交流,温姜培不会以老板的身份强迫员工,不会使员工觉得在公司是一个压迫的工作状态,把工作当作自己的事情来做,同时让他们在公司里有一个比较好的心理状态。第三,钱要给到位,比如会支付员工1.5倍的工资,包括福利待遇各方面,让他们觉得跟对人了。第四,要让员工有归属感,觉得公司有发展前景,是一家有愿景的公司,几年以后会有更高的发展。因此,温姜培在每次开季度会议的时候都会跟员工讲,公司目前处于一个什么样的状态、要怎么发展,让他们知道创始人在想什么,让他们知道他们现在做的每一件事情都是有意义的,他们做的每一件事情都是为了公司的将来在铺路。做到这几点,就会使员工的满意度大幅提升。而且,公司的过往经历,也的确兑现了当初的生产计划,三年前的目标,到现在就实现了。所以公司一旦有了前景,他们会有这个想象空间。因此,温姜培对员工不用太操心。

对于员工,温姜培更多的是看中结果。不管员工在不在办公室,只要每个月的业绩达标就可以。比如珠海的质量主管,只要质量不出问题就可以。因此,这样的企业文化使大家都很有责任心,会为公司去考虑,上海公司的员工如果没有做完工作,经常会主动留到七八点,直到工作做完,温姜培经常成为第一个离开办公室的人。美国公司的销售工作也很认真,经常从纽约飞到洛杉矶,休息时间很少。珠海的公司也是一样的,比如说,有一位女员工,第二天她要做剖腹产,当天晚上急着发一个快递,而工厂已经没有人了,她就晚上10点钟跑到工厂去帮忙寄快递。其实没有人要求她这么做,是她内心深处觉得要把这个事情做好。所以在选人、用人、留人方面,要选择有相同的价值观、正直、有责任心的人才留下来。

在创业过程中有没有遇到过背叛,给你找麻烦的这些人?面对这个问题,温姜培认为要尽早将不合适的人辞退。"辞退了大概有一二十个人,这些人多数只待了几个月,辞退的最主要原因是个人能力无法胜任,达不到我们的要求,比如说少犯错误,专业程度要高,要细心,达不到我们要求就只能不好意思,我们这里不是慈善机构,就只能请你走人。"

面试阶段,温姜培就会注意员工的价值观问题。由于时差,国内的早上是美国的晚上,因此公司周六是上班的。有些人会直接询问周六的加班费,这与公司的价值观是不相符的。温姜培认为事情做好了,再谈待遇的问题更符合公司的价值观。其实公司里是相对自由的,周六在家里做也可以,但是事情要做好。公司的价值观是别人需要帮忙的时候可以随时去帮忙,而不是只想着做完分内工作就万事大吉。在美国,很多人都有不同的角色,大部分甚至是全能型的,既能做跟班,又能去谈判。不愿意吃亏,很难有收获,公司提倡的是大家一起承担责任,从公司利益出发,这才是公司的价值观。很多人喜欢在大公司里做螺丝钉,到了下班时间就离开,这样的人可能就不是温姜培想要的人才。

七、百亿市值

温姜培的理想是,等到 40 岁的时候,希望管理着几十亿甚至上百亿市值的一家公司,所以为了实现这个目标,还需要做一些准备,目前还是要稳扎稳打,慢慢前行,等准备工作都做得透彻了,团队养好,行业进入核心圈,资金也准备好,一旦时机成熟了,就要全方位地去做好事情。

温姜培认为他们现在还是缺乏核心竞争力,真正的核心竞争力在于品牌的价值,有溢价的空间。因此,现阶段还是要着重把基础打扎实,等到品牌这个阶段,如果自己能做好是最好的,如果自己做不了品牌,就去收购、并购,买了之后再做大,那个时候也就不关注有多少销售额,市值是多少,而是有品牌溢价的。目前的阶段只能赚取差额。

温姜培希望公司在 2019 年或 2020 年的时候在两个方面能够有一定成绩。化妆品包材,做到持续稳定的增长,成品虽然是 2016 年刚刚做起来的,公司可以达到四五亿元的规模。美国纽约和洛杉矶有上市公司。另外在东南亚设点,因为中国的采购成本会逐年增加,所以要考虑在东南亚设点,保证客户质量的同时,降低自己的成本,具体哪个点还要去考察。再加上国内

案例二
适应中美环境，创造独特优势

的上海和珠海，基本上是 5 个点。人员规模国内 30—40 人，美国 10—20 人，整体上大约 50—60 人的团队。到 2020 年还是在打基础，估计打基础最起码还要两到三年的时间。

因为彩妆行业不需要很大的办公场地，人均产值高，一个销售人员做一个亿都没有什么问题，很多的基础工作是国内来做的，他只需要对客户说这个没有问题，可以做，但是要寻找机会。要达到这样的目标，需要销售和研发的点铺开来，如果这些工作没有做好，无论销售如何说得多么天花乱坠，国内供应没有做好，还是不行的。"比如我们现在两家公司，ALTA 和 BMC，BMC 刚刚开始组建团队，最晚在 2017 年下半年在洛杉矶成立的公司主要做化妆品，ALTA 在纽约，主要做化妆品包材，两边遥相呼应，两个团队互相配合，ALTA 和 BMC 主要是人才、产业、资金的积累。到 2020 年，基础准备估计差不多了，所以是这样的规划。"

温姜培认为 ALTA 和 BMC 这两家公司做好是前提基础，无论团队还是经验，品牌的重点在美国。这个阶段人要待在美国，核心是营销，在哪里打广告，定位是什么，销售渠道是什么，这些内心要非常清楚。国内方面，产品要保质保量的生产出来，这就是这两三年要打好的基础。做好基础再去做品牌，前端的销售做起来，买一些公司或者有口碑的品牌。但是最终还是要全球化，化妆刷全球做得最好的在日本东京，而不是国内，如果要推这个产品，要做到最好，就必须到东京采购。因此必须做到全球化布局，全球化管理。

做得好肯定会有竞争对手的出现，那如何减少竞争对手带来的压力？温姜培认为，周围有各种各样的行业，虽然有很多人咨询他如何运营美国公司，但目前还没有人去做这样的一件事情。因为很多的中国人想不到这是一条出路，还有很多人想到了但是做不到。创业模式看起来可能并不难，但是可能是各种各样的机遇造就出来的，换成其他人或者公司可能就无法实现。而且温姜培现在的经营理念和国内一般生意人不同，如果是已经习惯了应酬、关系这种生意模式的人，可能也不会成功。

"如果我重新来一次,一直在中国,或者去美国从零开始发展,可能就做不到像现在这样,毕竟我现在在上海发展得还不错,衣食无忧。我一些朋友带着家人去美国开公司,但是开公司的核心是要找到像我这样有管理能力的,并且可以在那里生存的人,如果这件事情做不好,就很难做起来。我在那边待了8个月,天天一起出差,拜访客户,我从注册公司开始,整个链条全部跑下来,所以即使我现在不在美国,也很难被欺骗。"

温姜培说他心中的标杆企业,也是经常自己研究的企业,是飞科电器。飞科上半年在A股上市,老板也是温州人,飞科的做法和他比较相似,从贸易起家,并购一些企业工厂做剃须刀。慢慢积累人脉和工厂资源,重点做品牌,利用广告做营销。如果飞科电器一直维持原状,给松下和飞利浦生产、加工剃须刀,一年可能只有几亿元的生意,但是自己做出品牌,自产自销的净利非常高,达到20%左右。温姜培认为飞科电器的成功,在于很务实地把基础打好,再走品牌这条路,重点放在营销、渠道上面。这件事情不是立刻见效的,需要时间和经验的积累,不能着急,只能很务实地去做事情。

八、反思

在2014—2015年的时候,温姜培觉得企业做得还可以,盈利能力不错,现金流也不错,就想多元化发展,成立了金融投资公司,但是都掌握在其他人手中,自己缺乏主动权,就把这些事情暂时搁置。2016年开始,他发现赚的钱要用在公司的发展上,之前的资金都是放在外部的投资上面,这是一个反思。另一方面,他认为没有将精力专注于自己的事情上,想清楚了这个事情以后,他就觉得公司规模小,想做到几亿、十几亿甚至几十亿元,因此必须要专注。所以,反思是很重要的,温姜培说他每年都在反思和调整。2013年,公司想做纸张的包装材料。因为玩具、化妆品等很多产品的包装都需要包材,但是当时没有做到专注。后来经过市场调研,2014年,公司决定放弃其他行业,只做化妆品的包装。2015年,公司决定除了纸张以外,也做玻璃等其他的材料。2016年以后,公司要往产业链的下游走,也就是成品这个方

案例二
适应中美环境,创造独特优势

向。所以温姜培总是提醒自己,要不断反思,不断自我批评,思考如何提升,不能让赞扬迷惑双眼,不能只看到成绩,必须要知道企业的问题在哪里,看不到这些问题,有可能就倒闭了。

案例使用指导

一、案例摘要

本案例描述了一位创业者如何在美国学习期间发现创业机会并成功地创办了天生国际化企业的过程,引导学生思考天生国际化企业与逐步实现国际化企业在国际化阶段的不同之处,创业者个人特征和经历对于创业选择的影响以及这个企业应当如何构建自己的竞争力的问题。在美国纽约发现高档包装这一创业机会后,创业者首先在美国纽约建立了办公室来收集市场信息,同时利用国内相关产业的特性在上海和珠海分别建立工厂。创业者努力聚拢人才,开拓市场并构建组织能力。案例教学中首先要让学生意识到如何充分利用自身的专业优势来实现创业,同时也要帮助学生分析创业者个人特征与创业行为的充分关系,理解全球视野带来的影响,从而帮助学生认识自我,在工作和学习中找到发挥自身优势的方法。

二、教学目的与用途

1. 本案例适用于"管理的全球环境""创业管理""战略管理""国际市场营销"等课程,其中"管理的全球环境""国际市场营销"适用于企业的全球化阶段,全球环境分析的意义。"创业管理"课程适用于讲述天生国际化企业这一类型的创业企业。"战略管理"课程适用于讲授全球化企业的组织能力。

2. 本案例的教学对象:工商管理、国际贸易本科生、工商管理硕士。

3. 本案例的教学手段:分组分析研讨。

4. 本案例的教学目的：理解什么是天生国际化企业，是哪些因素导致了温姜培创办了天生国际化企业，温姜培的这种模式是否能够建立持续的竞争优势。理解全球产业环境分析对于中国企业开拓全球市场的意义。

（1）理解天生国际化企业的特殊性，以及与传统企业的国际化路径相比，天生国际化企业有哪些不同之处。

（2）理解创业者的个人特征带来为创办天生国际化企业带来的作用。

（3）理解天生国际化企业组织以及其难点。

（4）怎样才能建立壁垒，持续不断地增强竞争优势？

三、启发思考题

1. 案例中的企业国际化路径是怎样的？举出一个企业国际化的路径，说明两者的异同。

2. 案例中创业者个人具有怎样的特征？请根据创业者自身的专业特征来分析个人特质与天生国际化企业之间的关系。

3. 创业者应该怎样做才能建立自己的全球化组织能力？

4. 对于案例中的创业者，理解国际环境对他产生怎样的影响？

案例三

美丽产业的艰难开拓

> 手如柔荑，肤如凝脂，领如蝤蛴，齿如瓠犀，螓首蛾眉，巧笑倩兮，美目盼兮。
>
> ——《诗经·卫风·硕人》

猫柠照相馆，在丽都新贵大厦的最高楼层，BM 裴娜美韩式半永久纹绣美睫会所就坐落于此。一进会所大门，客人就可以看到一只大大的加菲猫咪雕塑在微笑迎宾。大厅基本都是拍照道具和化妆台，在这里你可以看到三三两两的客人一边讨论自己的美容心得，一边挑选自己的照片。

看到自己的新形象，客人的心情都是很好的。

有时可以看到，这一群人中总有一位精明干练的女士，正在向大家讲述如何照相、如何美容的知识。获取新形象是每个爱美人士的追求。

她就是我们这个案例的主人公——吴雪莹。她给自己的拍照部门取了个名字——猫柠照相馆。

一、美女创业

吴雪莹是一位从事形象设计和美容的美女老板，精致的妆容和优雅的谈吐往往让人忘记了她只是一个只有 5 年工作经历、刚刚走上创业之路的创业者。她 2011 年从上海大学悉尼工商学院毕业后，前四年一直在威高服装公司工作，这是一家美资企业，经营 North Face、Vans、Timeberland、Wrangler、Lead 等品牌，主要从事经销商管理工作。吴雪莹的具体工作包括直营店、加盟店的开店、订货、计划以及配货和经营数据的分析整理。威高服装公司市场分为东、西、南、北四区，其中吴雪莹负责的东区包括江苏、浙江、上海,共70多家店铺。

借助于一位猎头朋友的帮助,吴雪莹入职耐克市场营销部,并在这家国际著名的跨国企业市场部工作一年半的时间。耐克市场营销部是中国企业学习市场营销的典型样本,分为市场规划部、品类管理部、区域市场管理部、媒体部、户外广告部、公共关系管理部。每个品类都有自己的活动,维护自己相应的品牌,市场营销部是一个福利待遇很好的部门,每个员工都发给健身卡,要求每个人都要保持健身的习惯。这个部门的员工忠诚度很高,在职时间长。作为一个毕业五年的大学生,吴雪莹在耐克学到了许多维护品牌文化的实践经验。

二、美丽产业

爱美是每个女人的天性,进入职场的女性尤其重视自己的外表形象。与先天因素占据主导地位的身材相比,容貌之美就是眉、眼、发型和脸型在不同肤色上的搭配。改善眉毛形状和眼睛形状是职场女士最简单的改善自己形象的方式。

眉者,媚也。中国历史上传统美女手如柔荑,肤如凝脂,领如蝤蛴,齿如瓠犀,螓首蛾眉,巧笑倩兮,美目盼兮。眉毛,古相术认为,眉"为两目之华盖,一面之仪表,且为目之彩华,主贤愚之辩"。眉毛与额、眼及脸型的配合,对整个面部的美观有着极大的影响。美丽的女人,需要美丽有神的眼睛和眉毛的配合。在历代文人诗歌中,反映了以画眉为美是各个年龄段女子的共同爱好,欧阳修的《南歌子·凤髻金泥带》中"走来窗下笑相扶,爱道画眉深浅入时无"。即使少女也非常重视美眉,白居易的《吾雏》中有"学母画眉样,效吾咏诗声"的诗句。

美丽产业正在成为一项新兴产业。韩国《亚洲中国》报道,2009年以后,韩国外籍患者以每年36.9%的速度增长,尤其是美容、整形领域,每年外籍患者的增幅高达53.5%。其中,中国人以40%的比重成为最大患者来源,接受美容、整形手术的中国人以年均97.5%的速度增长,大部分均在首尔江南、瑞草一带的整形医院和医疗机构接受治疗[1]。韩国医疗服务有着很高的价格竞争力。自2005年以来,韩国政府将医疗保健产业作为推动经济发展的新的增长点,韩国的目标是在2020年成为世界第七大医疗保健强国。韩国政府在2009年就出台了医疗观光法,并且经过几年的时间已经取得了长足发展。[2]

绣眉是现在韩国主要流行的美眉方式,绣眉看上去是一个简单的改变,但从严格意义上来说是一个医学美容的范畴,在这个行业初步兴起之时,相关产业政策被归纳为医疗美容产业,取得医疗美容专业机构的营业执照也很难。在2015年,整个文绣行业刚刚出现,上海也只有四五家这样的专营店。当时开店时机很好,市场上竞争并不是很激烈。随着人们对于颜值关注程度的提高,越来越多的女性,甚至一些男性也把提升自己的颜值作为一个保持职场竞争力、维护家庭和谐以及摆脱单身的重要手段。

三、说干就干

看到这一市场机遇,吴雪莹先远赴韩国学习绣眉技术,投资6万元购买了专业设备,紧接着又开始选址、装修,开始了自己的创业生涯。2015年4月,一样爱美的吴雪莹与一位威高服装公司的同事共同创办了"上海裴娜美形象设计有限公司"。该公司是一家美容机构,以半永久化妆和轮廓塑形美容为主,致力打造成具有韩式风格的美容化妆机构。该公司注册资本100万元,由两位合伙人共同出资经营。那时吴雪莹并没有意识到自己将要走上一条充满艰难险阻的创业之路,只是出于好玩,填充业余时间的想法。两个合伙人都没有辞职,一边工作,一边做着属于自己的小生意,盈亏也不在意。特别是自己的合伙人,她也是一位闲不住的人,除了这家公司,还办了一家自己的公司。

美容行业的顾客多为女性,选址偏远难以受到顾客青睐,街边小店又多有廉价之嫌,还要考虑到区域必须适应未来发展需要。经过多次走访、打探,吴雪莹和她的合伙人选择了南京西路1025弄的静安别墅区一栋房屋作为店址。静安别墅区位于市中心繁华地段,交通便利而环境安静,既能吸引周边高档写字楼的职业女性,又方便客户来店后有一个舒适的环境。吴雪莹在一处别墅的一楼租下两间房屋和一个院子。一间用作办公间,一间用作工作室,院子则被打造成一个摄影棚。万事俱备,吴雪莹开始了她的创业生活。由于医疗美容业的市场利润高,未来市场眼看着越来越大,吴雪莹开始有了顺风顺水的感觉。半年后,吴雪莹辞去了人人羡慕的工作,正式投身到创业大潮中来。

在两家公司工作的经历给了吴雪莹许多宝贵的工作经验,使得她能够将这些经验用到工作中来。

首先,扩大客户对于品牌的知晓度是第一工作。吴雪莹与大众点评网合作,在线上的方寸之地,展开了自己的特色营销。医疗美容行业的典型服务模式,"裴娜美"采取了客户预约制度,网络上的营销自然是一项重要工作。在大众点评网设立自己的小站点,需要经过"签约—认证—入驻—控制"等流程,付费之后可以开通官方相册、活动、团购、预约等功能。在仅有的 40 平方米的空间中,吴雪莹将 10 平方米用于摄影棚。摄影棚里装饰了美丽的花朵、休闲的桌椅、浪漫的气球和"裴娜美"的品牌标志。每一个接受服务的女性,吴雪莹都邀请她们拍一幅照片,保留下她们绣眉之后的美丽容颜和自信笑容。这些照片上传大众点评网后,成为吸引客户眼球的重要因素。

其次,在服务过程中分析客户行为和客户心理。吴雪莹手里有一个长长的本子,上面记录了每一个客人的相关信息。在长期交往中,吴雪莹发现,大多数女性客户年龄都在 25—40 岁之间,这些客户的共同特征是有一定的经济实力,但又为某些事情焦虑着,她们可能眉毛不是那么好,但又不想把时间都花在化妆上。她把这些女性分为家庭中心型、职场中心型和自我中心型三种类型。家庭中心型关注家庭关系尤其是夫妻关系,特别是女性结婚生子之后,开始关注自身容貌,担心丈夫不再喜欢自己,担心丈夫出轨,出于维护家庭和谐的需要进行美容。职场中心型的女性关注职业发展,关注自己上司或老板对于自己容貌的看法,希望通过容貌的改善来增加自

案例三
美丽产业的艰难开拓

己职场上升的可能性。第三类女性则是关注自身的需要,满足自己爱美的天性。正因为如此,吴雪莹认为自己并不仅仅是帮助女性美化面容,更是一个通过美化面容,放松心情、愉悦生活的服务提供商。她不仅仅把自己的工作局限于修眉的过程,同时也把女性成长和发展作为自己与他人联络感情、维护客户的主题。网红、美照、新兴的发型等,所有有关美丽的事项都成为她与顾客谈话的主题。

第三,多方位的网络形象推广。吴雪莹深知品牌推广的重要性,利用网络推广的方式包括利用网站做形象页面和百度推广,开展微博的精准定位,甚至考虑到淘宝开一家店铺。吴雪莹发现,人们现在有什么需要都要到淘宝上搜一搜,这个行为习惯特点已经渗透到人们的日常生活中,因此,开一个看上去与服务毫不相关的淘宝店铺是必需的,并且自己的页面可以嵌入视频,吸引更多流量。在诸多推广方式中,吴雪莹否定了"微店"的方式,她的日常休息时间大多在看手机中度过,只不过与浏览休闲不同,她的大多时间都在经营自己的微信朋友圈。她的微信一类是软广告,比如自己新增加的美白牙齿的项目、新的优惠服务。七夕节期间,她在自己的朋友圈不失时机地说:"七夕容我做个广告,今天来做项目的都是男朋友付钱!都是来秀恩爱的!哼哼!"引来大批单身女性的回复和点赞。有顾客表示,没有男朋友,更要提升颜值啊!一类则是个人形象,工作、学习以及辛苦之后的劳累。另一类是则是与客户共同度过的欢乐时光。吴雪莹就以这样一种简单的方式为自己获得了5 000多位粉丝。

第四,有了线上推广,也要有线下活动。在耐克公司的工作经历让吴雪莹对于公关活动成熟在胸。修眉与美甲、美肤等类似的美容服务不同,美甲、美肤每隔一个月就要重做一次,而修眉一次后要经过三年后才可能重做。这三年期间如何维持客户忠诚,保持客户的口碑,获取客户的终身肯定是一项艰难的工作。吴雪莹在线下举办活动,请著名美妆达人来授课,开展内部小聚会,共同讨论情感、职场、创业的话题,把客户变成闺蜜。

第五,服务人员和文化的建设。一个微小的创业企业同样需要有良好的文化来吸引优秀的员工。吴雪莹的选人标准首先是年轻漂亮,其次是服务技术。在韩国,吴雪莹就发现了一家当地很火的美容院,前台10多个服务人员个个都像超模。吴雪莹由此得出一个结论:"这是一个美丽产业,每一个顾客都要从向她服务的员工身上看到自己美容后的形象。"吴雪莹的店铺里只有两名员工,她与两位员工进行平等开放的沟通,共同制定服务规范和标准,为两位员工提供了统一的工作服和专门的舞蹈课程,致力于提升她们的气质。吴雪莹要在一个小小的工作室里创造一个"人人爱美、争奇斗艳"的氛围。"耐克的成功之道在于每个员工都发自心底地热爱这个品牌,我也要让我的员工真的热爱'裴娜美'。"正因为员工在这个工作室内心情舒畅,气质优雅,她们在工作中就能够精确地设计眉形,温柔地对待客户。

第六,重视校友关系,获取校友资源。作为一个外地来沪的创业者,资源获取之难不难想象,而"干干净净做事业"是吴雪莹的一句口头禅。吴雪莹经常参加校友聚会、创业沙龙,在自己的师长、学姐、学妹面前,吴雪莹可以畅所欲言,将自己在创业中的酸甜苦辣尽情宣泄。同样,她也在这一过程中得到自己学校的老师和同学的尽力帮助。在学校老师的帮助下,吴雪莹写好项目计划书,从大学生创业基金那里获取了35万元的无息债权,又在校友会上获得了校友15万元的投资,由于项目利润率高,市场前景好,越来越多的投资者开始看好这一产业,并且愿意投资给这个初创的品牌。

四、分享喜悦

通过一段时间的经营,"裴娜美"已经建立了自己规范的服务流程,这一流程以对顾客的周到关怀为基础,以分享"美丽喜悦"为主题:

1. 预约。主要通过网络预约和电话预约的方式,确定接受服务的时间,排定服务人员。

2. 上门。顾客如约而至后,帮助顾客填写资料,简要介绍绣眉的阶段,确认顾客身体状况能否适应绣眉手术。

3. 卸妆。在卸妆后拍摄术前照。

案例三
美丽产业的艰难开拓

4. 设计眉形。这是关键阶段。服务人员要为顾客画出理想的眉形并与顾客反复交流沟通，确定眉形，这一阶段通常要进行一个小时。

5. 绣眉。带客户进入工作室，工作室温度、环境都要舒适，开展绣眉。

6. 绣眉后。这一阶段主要为顾客梳理发型，保证眉毛、眼睛和发型的配合。

7. 术后喜悦照。通常顾客都立刻能看到自己崭新靓丽的新形象，拍照上传朋友圈、大众点评网，让大家分享美丽喜悦。

8. 补色。一周后补色。

以下是一位客人"美丽喜悦"的服务体验：

感谢 BM 裴娜美韩式纹绣和大众点评，幸运地获得了这次半永久韩式眉的体验机会。因为之前有看到店家在活动的问答页面里反复回答别人的提问，说是包制作的，能感觉到很负责。预约好了之后，店家发了一条短信过来，说具体的地址是南京西路1025弄静安别墅63号后门，2号线南京西路站1号口出来左转直行300米左右，还好有这条短信提醒，让我知道了要走后门，就是天井那里，没有傻傻地直接去敲前门。预约的是上午11点，她们11点才开店。到的时候还没有开门，敲了门有个美女把我们迎进去了。里面的环境布置得还是非常舒适的，欧式的装修风格，电视柜上摆满了资格证书和获奖证书，还有美女的艺术照，据说这就是她们老板。还有很大屏的电视供客人观看，有点心可以吃。

对了，我是陪我母亲去的，纹绣师在帮她设计的时候我就看一会儿电视，再凑过去看两眼。纹绣师设计得非常细致，反复询问我母亲的意见，光是设计定妆就花了很长时间。我本来打算等定妆后再走的，看看时间来不及了就先走了。

结果下午我母亲告诉我，还没做完……从设计到制作一共花了5个小时，真是太负责太细致了！点赞！大大好评！我母亲喜欢韩式的粗一字眉，她对最终的设计风格非常满意，制作效果也挺好，对纹绣师的专业技术评价很高。是否需要补色还得看后续留色效果。总之我也很开心她能觉得满意。

一位客人在忐忑不安地接受完服务后,这样描述她的感受:

昨天晚上预约的,很容易就预约上了。她家就在南京西路地铁站旁边,超级方便……今天下班之后过来体验的,超级赞……今天帮我绣眉的是Zoe,超级好的美女,绣眉过程中特别仔细,还会问痛不痛,我想说真的一点都不疼,完全颠覆了我以前认为的特别疼的那种错误观念。她家环境也特别赞,想绣眉的小伙伴,千万不能错过她家。幸好我来了,不然要后悔死呀!这是我体验过的最好的一家。关键是眉毛绣出来的效果真的很赞呀!

五、压力山大

回想当初毕业时候,吴雪莹并没有创业的打算,但最终是什么让她能够走在创业之路上呢?

前期工作积累的经验为吴雪莹开店提供了基础。在威高服装公司,她熟悉了经销商管理的系统知识,对于如何开店、装修、挑选家具,放什么装饰品,如何摆好店面,如何挖掘理解销售数据的含义以及如何提高销售能力有了系统的理解。在耐克公司,分工细致的营销活动大大丰富了吴雪莹的营销能力和管理能力,她每天都在想新点子、新创意,哪些是更吸引人的创意?哪些是原创的创意?尽管"裴娜美"现在还只是一个很小的品牌,但吴雪莹已经发现,不少美容店铺已经在抄袭自己的创意了。

吴雪莹在工作中的思维方式也体现了自己异于他人的成熟性。她坦言,自己和同龄人有时候关注的焦点是不一样的,感觉他们有点幼稚,自己更愿意和年龄大的人相处。这或许是她能到耐克的原因,因为在耐克,多数员工都在30岁以上,而且要么是国内重点大学毕业,要么是有海外留学经历。以她的文凭和资历在耐克找到一个工作岗位并不具有优势,但是吴雪莹却很知道自己需要什么,她一直和一位资深的猎头顾问保持联系,一直维护关系,并且最终凭借着这位猎头的推荐,获得了宝贵的面试机会并最终进入了耐克公司。

案例三
美丽产业的艰难开拓

自从创业开始后,吴雪莹开始了持续学习,远赴韩国学习绣眉技术,学习美白牙齿技术以及参加中科院创业班,参加中科院高等美容培训……几乎只要一有机会,吴雪莹就会进行学习。她深知,在这个行业中,没有特别深奥的技术,用于医学美容的方法只能是熟能生巧的,唯有不断学习、不断更新、不断提升服务水平,才能跟上行业的发展。

尽管事业起步顺风顺水,但进入2016年后,创业的压力也逐渐显现出来。

(一)行业竞争加剧

美容需求巨大,也吸引了越来越多的竞争者加入到这一行业中,一些没有受过专业训练的人员也开始从事美容服务,出现了行业鱼龙混杂的局面。仿佛一夜之间,大大小小的美容店遍布街头,医疗纠纷的新闻也开始不断出现。在吴雪莹看来,进入这一行业的人,文化素质大多较低,"土老板"居多。与他们相比,"裴娜美"现有的营销在理解客户心态、营造圈子文化层面仍然是占据优势地位,进入店铺进行选择的顾客大多会优先衡量老板的建议,老板好的建议都会采纳,而吴雪莹在这个方面就有很大优势。但同行业竞争者多,势必大幅压低服务价格,而公司又面对着店面租金和人员工资上涨的局面,店内在开拓新项目时需要考虑到竞争对手的因素,比如美甲项目利润已经太低。尽管美白牙齿项目已经开展,但依然需要有更多新的服务项目来增加单店利润。

(二)行业监管政策的影响

2002年国家卫生部出台的《医疗美容服务管理办法》把运用手术、药物、医疗器械以及其他具有创伤性或者侵入性的医学技术方法对人的容貌和人体各部位形态进行的修复与再塑的服务统一归为医疗美容。并将美容医疗机构指定为以开展医疗美容诊疗业务为主的医疗机构。本办法所称的主诊医师是指具备本办法第十一条规定条件、负责实施医疗美容项目的执业医师。医疗美容科为一级诊疗科目,美容外科、美容牙科、美容皮肤科和美容中医科为二级诊疗科目。医疗美容项目由国家卫生部委托中华医学会制定并发布。凡开展医疗美容服务的机构和个人必须遵守本办法。执业人员需要具有执业医师资格，经执业医师注册机关注册并且具有从事相关临床学科工作经历。其中，负责实施美容外科项目的医师应具有 6 年以上从事美容外科或整形外科等相关专业临床工作经历，负责实施美容牙科项目的医师应具有 5 年以上从事美容牙科或口腔科专业临床工作经历，负责实施美容中医科和美容皮肤科项目的医师应分别具有 3 年以上从事中医专业和皮肤专业临床工作经历。"裴娜美"如果需要做大、做强，吴雪莹也需要了解行业监管政策的变化，避免与政策产生冲突。

（三）开展品牌营销

行业的变化导致了品牌变得越来越重要，"裴娜美"取名之初，取自韩国"裴"姓，使人联想到韩国技术和韩国发达的美容行业。虽然吴雪莹已经采用了各种方法来推广自己的品牌，但还是面临着一系列的中韩关系问题，近年来，许多来自韩国的演艺明星、文化团队甚至文化公司的活动都大幅度减少。此外，网络推广费用越来越多，在大众点评网上，越来越多的竞争者开始不惜烧钱来提高自己的点击率。吴雪莹为了增加自己的曝光率，每天都要花上 1 000 多元，而客户的转化率却在降低，后来加入百度推广的宣传费用也在不断提高。

（四）加盟店的计划

在获得基金投资后，吴雪莹提出了加盟计划，成立加盟店，她期望通过加盟的方式开店，这样才能迅速扩大规模。

六、再出新招

在一天的工作结束后，吴雪莹坐在办公室里，看着一系列成本项目摆在自己的面前：租房每月 1 300 元，网络推广每月 3 万元，员工工资每月 15 000 元……不禁陷入了沉思。良好的行业前景，优秀的服务商，加盟店的计划，每一个收入和成本的项目在她脑海中一一闪过。就在今天，她得知，又有一位过去认识的朋友开了同样的美容店，并且店址和她选取在同一个

案例三
美丽产业的艰难开拓

商务楼。

吴雪莹深知,单是做美容一个项目,已经开始进入竞争的"红海",然而,爱美的追求和经济的发展,又使得美容的"蓝海"又在眼前,而这种美容已经不局限于单个项目,一个集休闲、拍照、知识、放松于一体的服务市场正在形成,一个以会所为基础,创造"美丽新形象"的商业模式呼之欲出。这个新模式,将促进一代中国人获得更加良好的形象、更加强大的自信。在这一模式成熟之前,如何继续建立自己的良好品牌形象是目前工作中的重点之一。

"明天会更好的,因为我知道我要的是什么。"

参考文献:

[1] 中国新闻网.中国赴韩国美容整形者增速迅猛——韩整治医疗旅游[EB/OL].(2015-02-15).http://www.chinanews.com/hr/2015/02-15/7065732.shtml.

[2] 苏贝.医疗观光产业:韩国经济新魅力[J].中国品牌,2014(12).

案例使用指导

一、案例摘要

本案例描述了一位创业者如何在新兴的美容服务产业中发现市场机会并建立一个美容店的过程,引导学生思考小型创业如何在一个竞争激烈的服务产业持续生存。在发现韩国美容业的发达以及市场前景后,创业者在工作之余与人合作建立美容店。通过绣眉业务、美白牙齿业务的开展,"裴娜美"逐渐开始有了自己的客源。创业者利用网络和服务品质的提升,努力创造出一个服务品牌,但是也面临着激烈的竞争。案例教学中既要激发学生利用已有的知识来协助创业者应对挑战,同时也要帮助学生通过建立创业机会认识全面系统的观念,帮助创业者如何建立服务品牌,实现可持续发展。

二、教学目的与用途

1. 本案例适用于"创业管理""市场营销"等课程,其中"创业管理"适用于创业机会选择。"战略管理"课程适用于产业分析和企业能力。"市场营销"课程适用于品牌的相关内容,特别是新媒体营销。

2. 本案例的教学对象:工商管理本科生。

3. 本案例的教学手段:分组分析研讨。

4. 本案例的教学目的:理解服务行业创业的优势、服务行业创业会遇到哪些方面的问题,以及应该如何增强服务企业的能力。

(1)理解吴雪莹是如何发现创业机会的。

(2)理解吴雪莹在创业过程中面临的困境和应对方式。

(3)学习和研讨服务行业创业的特征。

三、启发思考题

1. 案例中创业者是怎样发现这个创业机会的?请根据创业者自身的专业特征来分析她的个人特质与这个创业机会之间的关系,以及为什么她能够发现这个机会。

2. 创业者在创业过程中面临着怎样的困难?她是如何应对的?你是否能够提出更好的应对方式?

3. 服务行业创业会有哪些特殊的优势和劣势?创业者应该怎样做才能提高自己的核心能力?

案例四

"校园帮圈"的求生之路*

2016年10月26日,上海还没开始降温,午后明媚的阳光穿过玻璃窗洒满了这间10平方米左右的办公室,然而费凡的平静的脸上没有笑容。距离"校园帮圈"APP正式上线还有不到一个月的时间,从选择创业开始至今,费凡和他的团队充分体会到了创业这条道路上的艰辛。如今快到了检验成果的时刻了,他的内心自然是忐忑不安的。

一、何去何从

上海旅鼠网络科技有限公司成立于2016年6月,是中国第一个校园众包服务公司,公司的愿景是成为中国高校信息交流分享的第一平台,公司的创始团队是一群正值青春、充满理想的在校大学生。目前,公司的核心业务就是"校园帮圈"APP——一个大学生互帮互助的校园O2O平台,它是以大学生校园需求为主要导流口,结合现有的资源,推出高效、安全、便捷的校园生活服务,以校园物流为主体,并借此将客户导流到彰显大学生个性的空间、全国学生可以相互交流分享的平台。

从最初一个简单的构想到产品的正式上线,这一年多的时间对于费凡来说每一天都是一个新的挑战。对于大部分人而言,大学只是"象牙塔"生活的开始,但是选择在校创业的费凡要面对人员管理、争取市场份额、资金周转等一系列接踵而来的压力,这条道路远比他想象得要艰辛数倍。一年多来,费凡带着他的团队披荆斩棘,从众多校园创业项目中脱颖而出,并取得了大大小小无数次的成果与荣耀:2016年5月,该创业项目一举斩获了

---

* 本案例已被大连案例库收录,有需要电子版本的读者可以向该案例库索取。

"上海市级大学生创新创业实践奖""全国第六届电子商务大赛校赛最佳创业奖"和"全国第六届电子商务大赛校赛专项二等奖";2016 年 6 月,费凡带着他的团队继续荣获了"上海大学新业态创新大赛一等奖"等一系列奖项。如今,面对新产品上线的关键时期,费凡和他的团队在欣喜之余,更多考虑的是公司下一步将何去何从。

近年来,互联网技术的不断完善和进步推动着信息时代快速地发展,移动互联网的用户规模远远超过了传统互联网的用户规模。移动互联网是移动通信和互联网相结合的产物,移动通信和互联网一直在各自的领域里不断地创新与发展,而两者的结合无疑给人们的生活方式带来了翻天覆地的变化,移动互联网独具的及时性、灵活性和便利性,使得以往依赖于固定互联网所进行的社区生活、娱乐休闲、消费购物、信息沟通等都慢慢地转移到智能手机、Ipad 等移动终端中。随着移动互联网越来越多地改变人们的生活方式,巨大的商业模式变革也在互联网及一些传统企业中激烈展开,其中以人为本、更侧重于服务性消费的 O2O 模式被视为是商业真正的未来。O2O,英文名为"Online To Offline",是指将线下的商务机会与互联网结合,让互联网成为线下交易的平台。与传统的消费者在商家直接消费的模式不同,O2O 模式的核心是把线上的消费者带到现实的商店中去,也就是让用户在线支付购买线上的商品和服务后,到线下去享受服务。线上平台为消费者提供消费指南、优惠信息、便利服务和分享平台,而线下商户则专注于提供服务。

据有关统计资料显示,高校群体是移动互联网最活跃的用户群。首先,移动互联网是一个新兴且高速发展的领域,而大学生作为个性张扬的一代,他们喜好并乐于接受新鲜事物;此外,大学生群体在日常生活学习中的信息需求以及沟通需求与当前移动互联网所提供的服务具有较高的重合度。所以,大学生群体必然会成为当前移动互联网应用的最活跃群体。基于高校群体对于移动互联领域的高关注度,O2O 也快速切入大学校园。校园 O2O,是指专为校园群体服务的 O2O 平台,运用互联网平台及在线支付技术,针对校园中相对集中的人群,提供线上零售超市、餐饮外卖、生活服务、物流配

案例四
"校园帮圈"的求生之路

送、兼职培训、互联网金融等服务。

据统计,目前我国的在校大学生有 5 000 多万人(包括大专生、本科生、研究生),每个学生的月平均消费在 500 元左右,就是说每年的大学生群体会产生 2 500 亿元的消费市场,如此庞大的市场必然会招来众多投资者的青睐。另外,大学生是互联网的原住民,也就是说这群人本身就是在互联网的环境下长大的。对于 90 后来说,互联网已经不仅仅是一个工具,而是一种生活方式。他们大多数人习惯了每天"打卡"微博更新心情,习惯了买东西就"淘宝",习惯了有问题就"百度",也习惯了通过网络寻求各种生活帮助。所以他们在网络上培养的很多习惯,使得他们离开校园之后能够把这些习惯带入到社会中去,使得现在很多的 O2O 项目能够向社会扩展。

庞大的市场需求和绝佳的网络技术环境的基础使得很多投资者看中了校园 O2O 这一部分,与此同时,竞争趋于同质化、资金周转困难、难以突破盈利模式等一系列难题,也使得众多校园 O2O 企业面临举步维艰的窘境,如何开创"蓝海",进行价值创新,已经成为校园 O2O 生死存亡的关键。

二、风险和难题

在谈及当初为什么会选择创业这条路时,费凡沉默了一会,然后笑了笑说:"宿命吧……"

2013 年 9 月 1 日,费凡进校门的第一天认识的第一个人就是校园打印平台——"印+"的创始人彭俊坤。当时的彭俊坤正在开发一个叫 Campus 的项目,刚踏进校门的费凡也加入了他的团队,而这一做就是一年多,虽然后来这个项目没有成功,可是最初这批年轻人都得到了飞跃式的成长。一年之后,彭俊坤要毕业了,当时"印+"也已经开发出来了,可是高昂的人力成本和微弱的利润回报使得"印+"进行得不是那么的顺利。几番斟酌之后,彭俊坤找到了费凡,对他说:"费凡,在这个学校里我最信任的人就是你,想让你来接手这个项目,现在我在上班,没有足够的精力投入其中,可是我又不想让'印+'就此而止,希望你能接手来帮我处理这些业务。"就这样,基于朋友的关系，费凡接手了当初并不看好的项目。

2015年3月，费凡正式接手了"印+"项目。接手之后，没有任何团队管理经验的费凡面对的第一个难题就是团队的内部矛盾。费凡发现由于分工不明确，一些人在加入团队之后并没有真正投入到团队的建设中去，开会经常性迟到，有任务要处理也不参与，就连大家一起聚餐也不参与。面对这样的情况费凡非常苦恼，没有任何团队管理经验的费凡只能通过各种严厉的要求来规范员工的行为，但是实际上除去工作关系以外大家私底下都是非常要好的朋友、同学，直接的命令式管理不仅没能解决团队问题，反而使得合作伙伴纷纷离开了团队。这样适得其反的结果让费凡陷入了沉思，冷静下来的费凡并没有直接表现出不满，考虑到大家平时私底下是朋友的关系，他会找这些人谈话，劝说他们先退出一段时间，等他们觉得自己的状态调整好了，有足够的时间精力和团队一起去开发项目了再加入进来。

经历了团队解散的风险之后，如今对于团队领导，费凡有了自己的一套成熟的理念。首先，"今日事，今日毕"是最基本的准则，当天的任务必须当天完成，所有的员工都会一视同仁地进行绩效考核，不会用私底下关系的亲疏来衡量工作中的一些问题。其次，对于承诺过员工的事情他都会做到。一个优秀的领导者是一个团队的灵魂，不论是项目的出资还是其他什么小事情，费凡总是会言必行、行必果。比如说公司开例会，如果领导者经常迟到，并且每次都能为自己的失误找到借口，那么久而久之这个团队的成员也会变得懒散，无视公司的规章制度，因为他们的领导者都那样做了，而在费凡的团队里绝不会出现这样的情况。最后，永远把员工放在公司之前。对于很多成功的大公司来说，他们都有一条原则"客户第一，公司第二"，而费凡认为应该再加上一条"客户第一，员工第二，公司第三"，客户就是市场，而员工则是这些市场的开拓者，只有把员工的需求放在公司的需求之上，设身处地地为员工着想，他们才会发挥出自己最大的潜力。客户和员工都做好了，公司自然而然就会发展好。

万事开头难，让这个没有任何创业经验的年轻人坚持下去的最大的原因,就是他尝到了将所学转化成所用的乐趣。一方面,费凡在接手项目之后切身感受到了课堂上的理论知识和分析问题的工具让他在实践中获益匪浅,比如寻找投资人时公司的资产负债表、每次做推送都会用到的 SWOT 分析以及"二八定律"等。如果没有接触到创业,费凡会觉得这些知识离自己好远,但是能够学以致用使他一直放不下创业项目。另一方面,自从费凡决定创业开始,学校的大学生创业教育中心就一直源源不断地为像他这样有创业梦想的大学生提供帮助。创业教育中心不仅仅提供创业问题的解决方案和意见,还为发展前景好的项目提供办公场所等物质资源,此外,学校的创业教育中心还一直试图为学生寻求丰富的社会资源,成为学生和企业家之间的桥梁。学校的创业教育不仅仅传授学生们理论知识,也为这些有创业想法的大学生们打通了渠道,解决了一些经济上的后顾之忧。

三、绝地逢生

团队的问题是解决了,但是创业这条路远比费凡想象得要艰辛。2015 年 7 月,旅鼠公司上线第一款打印网站产品,可是自接手"印+"之后项目一直在亏损。一边是学业上的压力,一边是项目面临失败的压力,思想进行了一番斗争之后费凡做出了一个惊人的决定:休学。这让他又多面临一重来自家人的压力,虽然压力重重,但是费凡心里十分清楚,这些压力都只是暂时的,面对学业和自己热爱的创业,如果两者不能同时兼顾的话,那么暂时的休学可能是最好的选择。

"印+"是"校园帮圈"的前身,"印+"最初的模式采用即时即点免费地配送打印资料,也就是客户将需要打印的文件上传到网站上,公司打印完之后将文件及时送到客户的手中,然而,经过市场的检验之后发现这种模式真的持续不下去。打印一单只有几毛钱的收入,可是付出的人力成本太高了,为了把物流成本降下来,费凡和他的团队又决定采用定时定点的模式,就是提前通知客户在某个时间段到某一个特定的地点去取打印资料。而打印本身就是一个频次高、季节性强、利润低的业务,如果遇到打印的高峰期,那么怎么解决短时间内将客户需要的资料送出去仍然是最大的问题。如果公司雇佣大量的员工,首先高昂的人员工资就会压垮这个利润微弱的公司,其次除了开学季、毕业季这几个特殊的高峰期,大多数时候打印业务都是零散的,那么在淡季大量闲置的员工该如何安置也是一个棘手的问题。总而言之,物流配送和人力成本成了"印+"的两大通病。

费凡急于转型"印+"的商业模式,于是他寻求各种可以帮助他的资源,团队内部一次次的头脑风暴,与创业教育中心的老师们不断地讨论,可是一个月又过去了,费凡还是没有找到适合"印+"的商业模式。难道要就此罢手了吗?费凡并不甘心,直到第一次参加商演上台的前两分钟,他脑子里突然冒出了一个想法:既然物流成本这么高,那么我们为什么不能先做物流呢?一直以来,都在苦苦寻找适合"印+"的模式,越是以"印+"为中心,就越难走出固化思维这个怪圈。有了物流这个新的模式切入点后,费凡和他的团队致力于最大化地整合利用校园这个庞大的资源库。其实不仅仅是帮拿打印资料、代领快递,在校园这个小社会圈里,每天都会有很多同学有很多不同的需求,同时也有很多同学有闲置的资源,包括时间、信息、工具等。需求和供给都具备了,但是就是缺少一个信息整合的平台,让供求双方都能得到满足。于是他们产生了这样一个念头:创建一个大学生互帮互助的校园O2O平台,让需要帮助的同学和有能力帮忙的同学通过这个平台连接在一起。费凡和他的团队接着展开了市场调研,调查结果表明(见图4-1),68%的大学生希望他们能够开发出一款互帮互助的校园生活圈APP。就这样,他们的第一款校园社区服务平台——"校园帮圈"于2016年3月正式开发出来了。

这个想法的出现非常偶然,但

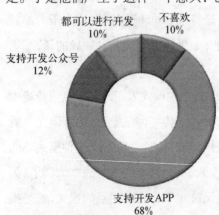

图4-1 "校园帮圈"市场支持度调查结果
数据来源:案例公司提供

案例四
"校园帮圈"的求生之路

是偶然的背后是这一个多月以来无数次思考的积累。从物流开始做起,将校园里闲散、灵活性高的大学生集中起来作为自己的配送人员,这样一来不仅一下子解决了"印+"的物流配送和高昂的人力成本这两大问题,让"印+"能够起死回生,而且让这支年轻的创业团队看到了更宽的商业道路,但是等待他们的也是更多的挑战。

最大的一个问题就是服务器,虽然APP已经开发出来了,但是服务器的质量还是没有完全跟上来,这会造成一个很大的问题——严重地影响客户体验。客户体验是一种用户使用产品过程中建立起来的纯主观的感受,尤其是对于建立在互联网基础之上的公司来说,他们最在乎的就是用户转换率,以及网站对客户的吸引力。一个网站的用户仅仅通过敲击键盘或点击鼠标就能很便捷的转移到竞争对手去了。在这样的一种局势下客户体验成为互联网公司留住客户的核心竞争力。所以说一个产品如果用户体验不好那基本上玩完了,只有把客户服务好,他们才会用你的产品。

虽然困难重重,但当将模式颠倒过来,从物流切回来做"印+"的时候,一切好像都在慢慢好转,不久之后公司也开始盈利了(见图4-2),这让费凡和他的团队感到万分欣喜,这也证明了他们这次的决定是正确的。

姓名	快递	次数	食堂外卖	次数	送u盘	次数	送资料	次数	送伞	次数	其他	次数	个人总计
刘××	267.89	64	195.00	39	0.00	0	13.32	2	0.00	0	25.00	7	501.21
卢××	189.78	51	201.96	44	3.00	1	6.00	1	0.00	0	0.00	0	400.74
王××	125.33	29	133.23	34	15.67	4	27.45	5	0.00	0	5.00	1	306.78
孙×	149.10	36	115.00	23	11.23	3	0.00	0	12.00	2	3.33	1	290.66
石××	224.47	36	96.93	22	6.66	1	0.00	0	44.67	5	0.00	0	371.73
张××	107.52	21	0.00	0	0.00	0	16.00	4	6.66	1	0.00	0	130.18
孙××	119.08	26	125.35	22	0.00	0	26.00	3	0.00	0	0.00	0	270.43
罗××	93.50	22	166.50	25	0.00	0	24.00	3	0.00	0	16.68	3	300.68
白××	164.95	33	135.40	33	23.00	5	26.00	5	0.00	0	0.00	0	349.35
石××	63.45	12	215.45	54	2.33	1	3.33	1	0.00	0	0.00	0	284.57
李××	29.56	4	11.58	2	15.67	3	6.98	2	0.00	0	29.00	5	92.79
薛××	136.80	30	140.08	34	0.00	0	12.00	2	0.00	0	0.00	0	288.88
马×	0.00		0.00		0.00		0.00		0.00		0.00		0.00
合计	1671.48	365	1535.54	332	77.56	18	161.08	28	63.33	8	19.01	17	3588.00
每个人单项均值	4.58	2.81	4.63	2.77	4.31	0.14	5.75	0.22	7.92	(备注:只有突然雨天五月二号)	4.65		
每天单量		36.5		33.2		1.8		2.8		0.8		1.7	
总平均每人每单收入(不含伞)	4.78	每人每天总平均单量	5.85										

图4-2 "校园帮圈"2016年4月9—20日收入情况表(单位:元)

数据来源:案例公司提供

四、项目推广

目前来说,费凡可以暂时不用担心他的商业模式问题,那么接下来就是产品的推广了。经过团队的探讨之后,费凡决定第一步只在上海的高校进行推广,等到上海的市场成熟了之后,再向周边的二线城市进军。对于有意合作的高校他们不收取一分钱的加盟费,并且将所在高校的收益分六成给合作伙伴。费凡和他的团队进行APP的整体开发以及后期的技术指导,那些高校合伙人则负责在他们所在的区域进行市场推广。费凡并没有承诺每年给员工和客户多少的收益,而是承诺就算是只赚了一块钱,那么六毛都给你。他们愿意给客户最大的利益,给员工尽量多的收益,目的就是让员工和客户有一种很强的参与感,让员工觉得自己不只是员工,也是自己的老板,而公司是在背后提供技术指导,相当于是他们的员工。

但是资金问题成了他们选择产品推广方案的一块绊脚石,新的产品需要新的市场,而新的市场就需要投入大量的资金,这是每一个小型初创公司都逃避不开的问题。除了从公司内部筹集到的资金,一年多来参加各种比赛拿到的奖金,以及学校创业教育中心提供的场地和资金支持,费凡也尝试过各种方法去寻找投资人,但是在寻找投资人的过程中通常都是以吃闭门羹收尾。在一般人的眼里,大学生虽然充满了朝气和斗志,但是同时也缺少社会经验,所以人们都会觉得大学生的创业成功率比较低。对于投资人来说,他们是看数据说话的,而一个刚刚初创的项目往往是没有现金流,没有财务报表的,没有具体的数据出来,就会很难让投资人去相信你,相信你的项目。因为项目的负责人是学生,他们身处在校园之中所以了解熟悉校园这个市场,他们可以说出校园市场的种种优势,但是作为投资人,他们没有处在那个环境,就会觉得这个市场或者太小,或者说规模以后扩不起来而拒绝了投资。而如果拿不到投资,公司的决策就会受到严重的影响,公司的业务也会开展不开,这种举步维艰的情况会让公司陷入恶性循环的窘境。①

五、喜忧参半

费凡深知单靠一种模式吃遍天下是行不通的,尤其是在校园这个本身规模就不大的细分市场,很容易就会达到饱和状态,接下来就会是同质化的竞争,最后就是价格战把一些利润空间不大的公司淘汰出去。所以说大学生创业不能只是跟风模仿现有的发展得较好的商业模式,而应该发挥更多的创新能力,开发新产品和服务。

谈到对于未来的规划,费凡决定第一步先把主营业务做好,在公司产品尚未完全成熟之时先只抓校园这个点,把这个点做好、做大、做得标准化之后,就开始面向全国,先把上海地区作为重点示范圈来建设,建设完善之后开始开拓一线城市的市场,然后再慢慢延伸到二线城市。等市场成熟之后,在必要的时候可能会转换思维选择跨界。费凡认为电商平台一定要及时地感应环境的变化,在必要的时候选择跨界发展,腾讯公司和阿里巴巴之所以这么强大,其中一个很重要的原因就是一直在跨界,不断地在扩大自己的业务,但是这种跨界发展并不是盲目地追求业务量的扩大,而是将一个项目做得成熟之后,去发展其他更多的业务。因此,第一步把自己该做的、想做的、能做的做好非常关键。

费凡意识到如果"校园帮圈"继续扩大规模,那么APP平台源头信息的控制就尤为重要。随着规模的扩大,像"校园帮圈"这样的众包服务平台很有可能发展到最后变成别人发招聘广告的平台,而这也是费凡最为担忧的事情。现在有很多O2O的平台,发布的信息和顾客实际体验的完全不同,比如在平台上看到房屋的出租价格是每月1 000元,而当客户真正去租房时价格可能就会上涨到两三千甚至更多,这样一来客

---

① 更新状况:公司于2016年11月14日获得了"觉群大学生创业基金会"的8万元投资,2016年12月12日公司完成了第一轮融资,截至目前为止公司共获得总投资约20万元。

户就会失去对平台的信任并会告诉其周边的人也不要使用这个平台。一个平台最重要的是你说的要和你做的一样,顾客体验很重要。因此,从源头控制好信息流,严格审核机制,加大监管力度是一项艰巨而必要的任务。

谈及对于未来的规划,费凡相比于一年前更加充满了信心与热情,但是市场开拓与资金短缺之间的矛盾让费凡在产品上线之际多了几分忧愁。

附录:

一、"校园帮圈"登录注册页面

| 案例四 |
"校园帮圈"的求生之路

二、"校园帮圈"的功能页面

三、"校园帮圈"的获奖经历

"校园帮圈"2016年5月到2016年12月获奖情况	
时间	奖项
2016年5月	上海市级大学生创新创业实践奖
2016年5月	全国第六届电子商务大赛校赛"最佳创业奖"
2016年5月	全国第六届电子商务大赛校赛专项二等奖
2016年6月	上海大学新业态创新大赛一等奖
2016年6月	第六届全国大学生电子商务"创新,创意及创业"挑战赛上海赛区总决赛一等奖
2016年8月	国家级大学生创新创业实践项目奖

四、"校园帮圈"的融资情况

"校园帮圈"2016年5月到2016年12月融资情况		
时间	融资项目	金额
2016年6月	种子轮融资	8万元
2016年11月14日	觉群大学生创业基金会投资	8万元

参考文献:

[1] 邱敏.基于移动互联网的SICNU校园生活圈O2O商务模式研究[D].成都:电子科技大学,2014.

[2] 高校群体成移动互联网应用最活跃用户群体[EB/OL].(2011-11-15). http://telecom.chinabyte.com/327/12201827.shtml.

[3] 潘盛洲.没那么简单,校园O2O有几个大坑[EB/OL].(2015-09-22). http://mt.sohu.com/20150922/n421821324.shtml.

案例使用指导

一、案例背景

"校园帮圈"APP是隶属于上海旅鼠科技有限公司的一个大学生互帮互

| 案例四 |
"校园帮圈"的求生之路

助的校园O2O平台,公司成立于2016年6月,是中国第一个校园众包服务公司,也是中国校园众包服务用户较多的互联网企业之一,其创始人费凡是一名在校大三学生。2015年3月,费凡在决定创业之后毅然选择休学,带着只有4个人的团队走上了创业这条"不归路"。经历了一年多的时间,公司的核心创业团队从当初的4人扩大到现在的16人,公司的业务从单一的打印发展到综合了快递、物流、打印的一个校园O2O互帮互助平台,并于2016年9月正式推出了公司的第一个手机APP平台——"校园帮圈"。作为在校大学生创业者这一特殊群体,费凡和他的团队在公司初期发展阶段分别面临过人员扩张、融资和市场开拓等一些难题,当然,在公司新的发展阶段依然会有不同的难题在等待着他们……

二、教学目的与用途

1. 本案例主要适用于创业管理、团队管理、战略管理等相关课程的教学;适用对象为本科生、研究生、MBA以及创业型企业中高级管理人员的培训。

2. 本案例的教学目的是通过对旅鼠网络创业历程的回顾,展现在校大学生创业者在社会资源和资金都匮乏的情况下,如何通过了解核心需求精准定位客户和整合有限资源开发有效的商业模式的创业求生过程,并探讨大学生创业者在创业初期物资匮乏的情况下如何进行市场开拓,以及学校的创业教育对于大学生创业的影响。通过本案例的阅读与知识讲解,让学员了解大学生创业者在创业过程中会遇到哪些典型的困难,以及他们在资源和精力有限的情况下怎样去克服这些难题,以实现公司的进一步成长,从而对于大学生创业企业核心能力的培育以及在创业过程中有效地整合利用有限的资源有了更深层次的认识。

3. 本案例难度为中等,但涉及的理论背景知识较多,属于综合性案例。

三、案例思考题

1. 你认为"校园帮圈"的创始人费凡具有哪些创业能力?

2. 作为创业者,费凡在决定创业到"校园帮圈"APP上线的过程中,他的思维方式和自我认知发生了哪些变化?这些变化对于他的决策有什么影响?

3. "校园帮圈"的融资模式是否有效?结合案例谈谈大学生创业者在融资过程中会遇到哪些问题以及解决方案。

4. 费凡和他的团队是如何进行市场开拓的?初创企业有哪些市场开拓的渠道?

5. 学校的创业教育对于大学生创业哪些影响?结合实际谈谈如何改进学校的创业教育,更好地引导大学生创业。

第二部分
创业规划

案例五

行动与计划：万融集团创业规划的由来

万融集团办公室。

熊云坐在自己宽大的办公桌后,思索着公司未来的发展。

建立一个怎样的公司,是熊云在读上海大学 MBA 后开始考虑的问题。在此之前,他做过很多生意,开展过很多业务。他是一个闲不住的人,从大学就开始了简单的创业历程。

成功,也许就是简单的坚持,想不一样的问题,走不一样的道路。不一样的道路没有明确的答案,没有明确的指路牌,吓着胆小的,奖励胆大的,惩罚鲁莽的。

没有思路,看着办公桌上的照片,自己、妻子和两个女儿,一家人其乐融融。

熊云的思绪回到自己的学生时代。

一、班长

熊云的家乡——丽江是个多民族聚居区,小学时,熊云就成为班长,他发现自己很会笼络人,也很享受这个过程。那时他就已经有组织领导力,只是自己没有意识到。高中学生会主席,一路走来,一直担任班长这一职务。在同学中,他既是班长,也是老大哥。熊云的印象中比较深的是,一年级入学当了班长,回家告诉妈妈"我不当班长谁当班长"。

熊云的父亲是一个正派、保守、包容、受人尊敬的老师。熊云非常尊敬父亲,对于熊云,父亲从来没有拍过他一巴掌。父亲是一位保守的人,遇到机会不敢去冒险。那个时候有过很好的机会,他开过商铺、电影院,但是因为各种原因,就没有坚持做下去。

一向是家里骄傲的熊云却有一次离家出走的经历。当时是初中假期，由于自身的叛逆，想多向父母要一点生活费，离家出走一个多星期，母亲很着急，父亲到处打电话。后来父亲知道熊云在另一个老师家。两家距离只有一个多小时，父亲就过来了。父亲见到熊云，没有说什么，也没有暴打一顿，而是等吃完晚饭后，对熊云说："该回家了吧，你也玩得差不多了，该回家了。"就这样，熊云被带回家了。在回家的路上，父亲没有跟熊云说很多，也没有打骂，就是父亲在前面走，熊云在后面走，到家后父亲拿出《钢铁是怎样炼成的》这本书让熊云去读。

如果当初父亲选择和有些家长一样的做法，直接"开揍"的话，可能熊云会更加叛逆。父亲的包容给熊云保留了很多面子。

二、从赚钱到创业

2008年，正在云南农业大学读大二的熊云跟着一位植物学院的同学开始创业。第一个项目是教材回收，就是把要毕业的同学的教材收回来，然后第二年把它卖给新生。这个简单的生意获得较好的效果，他们便在学校做了一个专门的店铺，到后来在云南各个高校做到了11个店。两个人接下来发现了销售茶叶的机会，他们发现云南很多高校的学生都是来自省外的生源，很多省外的学生放假特别是寒假回家，会带茶叶给亲戚朋友。他们就批发茶城里面的散茶，然后进行组装，组装成礼盒，然后在学校比较显眼的位置摆摊售卖。他们共有8个学生干部来做这个事情，茶叶价格也不高，比如从茶城里10元买过来的，他们卖12元。这个小小的茶叶生意，仅是放假前短短的一个礼拜左右的时间，赚了8 000多元。那个时候，熊云一年的生活费都没那么多，熊云一个月家里面给他400元，作为定向生源，省里面给他150元，加起来也就是550元。那个时候的熊云饭量大，在长身体，550元刚好够自己三餐。除了小本生意赚钱，熊云在大学是社团联合会主席，也做很多兼职工作，主要是改善自己的生活。"家里给的生活费有限，我只能通过自己去改善生活。"

| 案例五 |

行动与计划：万融集团创业规划的由来

现在回想起来，熊云当时的行动或许可以算作是创业，但当时他的目标就是简单地为了赚钱，只有赚到钱才能减轻家庭负担，才能过上像样的大学生活。毕业以后，熊云的计划是回到丽江，考公务员。因为熊云是普米族人，这个民族全国的人口才有4万人，熊云清楚地知道自己的优势。从赚钱到创业，是恋爱改变了他的想法。熊云的女朋友是江苏人，是比他低一届的学妹，跟随他一起做事，支持他做各项兼职工作。有一年暑假熊云带她回到纳西家乡，山路很陡，车都不敢坐，他的女朋友说："要么你出来，我是永远不会在那个地方住的。"

女朋友的这句话，令熊云思考了良久，他知道一旦离开家乡，就不会再回老家了，也就放弃了人人羡慕的公务员职位。这样做能成功吗？熊云那时候做什么事之前都会问一下女朋友，因为他自己还没有足够的信心，女朋友对他的鼓励是他走上创业之路的重要力量。看看周围同学们的发展，他发现自己身边很多人都走上了创业之路。熊云的一位学长，毕业于云南财经大学，他的公司已经上市了。他发现自己身边都是这些很正能量的人，是他学习的榜样。按照过去做公务员的憧憬，熊云希望能够在家乡的政府部门好好工作，获得提升。这个前景是大一宿舍夜晚卧谈时候，熊云最爱聊的话题，虽然只是吹牛，但熊云清楚地知道，一定要做个完完整整的、彻彻底底的改变。熊云知道，自己是在农村里出生长大的。熊云父亲是一位教师，家里三个孩子，他是老二，还有一个姐姐、一个妹妹，都上了大学，也是他们村里唯一能培养出三个大学生的。村里的民风淳朴，认为女孩差不多就该嫁人了，男孩差不多该下地干活了。但熊云父亲就没有这个想法，在孩子上学这个问题上从来就没有含糊。

因此，熊云想通了：只有创业，才是适合自己的出路。

三、克服一切困难获取创业资源

与赚钱相比，创业要困难很多。在校生创业，没有任何的社会资源，这是最大的硬伤；找到创业项目，没有足够的启动资金；个人的社会经验、社会阅历特别欠缺。这些都是阻碍创业的重要因素。

如果要想克服这些困难,那么解决问题的过程就是深挖机遇的过程,在这一过程中学到的知识难以从课堂中学到。解决问题能力的形成,是从熊云和另一位学长建立 UT 学生创业联盟开始的。

那时的熊云经常和校人文学院的党委副书记杨老师一起探讨问题。熊云对杨老师说:"我们成立学生创业联盟组织,您能不能给我们提点建议?"杨老师回答说:"这是个好主意,你们去找校招生就业处,和他们提你们要做这个全校性的创业大赛。"

熊云觉得是个特别好的机会,熊云和他的团队当天晚上就把创业大赛的策划方案、活动流程准备好了,第二天早上 8 点钟,熊云就来到校招生就业处处长的办公室门口,熊云向处长介绍创业联盟是一个自愿自发性的组织,组织举办创业大赛的宗旨是希望通过这个活动,提升大学生的组织协调能力,另外,创业联盟想将创业大赛作为一个平台,能够接触更多的社会资源。处长听完高兴地说:"你们学生主动地去想、去做这个事情,这是个好事情。"之后,熊云和他的团队便顺理成章地拿到了一笔丰厚的项目资助。

拉赞助是学生干部举办活动的"必修课"。但一个活动,如果想办得更好的话,光靠学校的赞助是不够的,必须要通过外面的社会赞助。搞了这个活动以后,熊云就觉得资源真的很重要,有些时候更要放下身段、鼓起勇气去做事,才能取得更好的效果。

我们搞完这个活动以后,就开始真的做事了。我们 8 个同学,有陕西的,有甘肃的,当然更多的是云南的。我们就坐在一个小房间里商量,咱们现在首要的任务就是凑钱。当时就是靠我们卖茶啊、送水啊、送《英语周报》啊,一个人也就挣 2 000—3 000 元钱。那还是不行啊,怎么办呢? 想个办法——退学费。我没有学费,因为我的学费不是我自己承担的,是国家帮我交的。他们其他几个就是去退学费,这是很艰难的。学费一旦交了很难再退回来。但是我们还是很幸运的,我们就直接去和财务处申请,暂缓交学费,毕业的时候一定会交齐。学校当时很支持我们的,我们真的是走运,太

案例五
行动与计划：万融集团创业规划的由来

走运了，一笔笔5 000元的学费都退回来了。

我就想一下，和家里开个口。我父亲是小学老师，他有一点点积蓄，但是也没那么多，我们家3个孩子都在上大学，我和我姐同一年读大学，当时那个时候我妹妹在读高三。有天晚上，我就鼓足了勇气，我说能不能借我一点钱，我没敢说要，我就说借。我父亲问我要多少、要干什么，我父亲很紧张，觉得我是不是在外面欠了什么债啊，或者是被威胁了之类的。后来有一天，我又想了想，又给他打了一个电话跟他具体地讲了讲我要创业。后来他就说给他3天的时间，3天之内他就真的给我打了10 000元。

四、没有规划却充满信心的起步

历经千辛万苦，熊云和他的团队又申请到了一些援助，就这样，一共凑了125 800元。对于这些穷学生而言，125 800元是一笔很大的数目。筹到第一笔钱以后，熊云和他的团队才开始想到底要做什么。这时，大家才发现，一帮热血青年竟没有提前规划这个钱要用来做什么业务。

熊云先在小区里面租了一间220平方米的办公室。简单清洁之后，就需要添置办公家具，但二手市场的办公家具价格都超出了他们的预算。

熊云于是去求助校经济管理学院的崔教授，崔教授将他引荐给了院长，院长十分理解这帮学生创业的艰苦，批给了熊云20套学院废弃不用的办公桌椅。

办公室租好了，熊云给他的团队每人配备了一台2 200元的电脑，并给团队的每个人定下了一个月600元的岗位工资。但3个月下来，熊云和他的团队并没接到任何订单，没有订单意味着没有收入，一天晚上熊云和他的团队成员开会讨论了很久，从下午一直到凌晨。有3个成员要求退出，他们和熊云说："从现在开始我们要退出，你算一下账，有多少，按照比例退给我们就可以了，认了。"熊云想了一下，毕竟还有其他人留下，当时就说："我也不退你们钱了，我给你们写个借条，你们投了5 000块，我借你们5 000块，明年的这个时候我一定还你们，我以我个人的名义问你借。然后我再给你们多发一个月的工资,你们现在就可以拿着这一个月工资走。"

五、云南风光好,遍地机遇多

2014年底,熊云的第一个创业周期结束了。熊云和他的团队才开始有了确切的规划,决定要做什么,如何做。那个时候熊云已经成家,女儿2岁多了,熊云考虑到底要选择一个什么样的行业,首先考虑的是资源问题,其次便是能不能拥有长远延续项目的生命力。这个规划来源于旅途中的灵光一现。熊云有一次在江西出差,想给母亲带特产,问酒店大堂的姑娘,说去"绿滋肴",这是一个全国连锁店。到了店里,熊云发现这里的特产很丰富。熊云就想到云南特产太多了,少数民族也多,民族文化多元,旅游资源丰富,但却没有哪家公司能让当地人和外地游客知道像有"绿滋肴"这样的牌子。但在江西,这个品牌深入当地人心。"我看到旅游大巴停在店门口,给游客15分钟购物,说明这个商业模式深入当地的消费群体并完好地渗入进当地的旅游业。"

云南省每年游客的吞吐量排名在全国旅游省份中是靠前的,所以,云南大大小小的特产店都能存活下来,那为什么没有一个大的品牌店诞生呢?

云南省以独特的高原风光、热带和亚热带的边疆风物和多彩多姿的民族风情而闻名于世。近年来,云南围绕旅游"二次创业"和建设旅游经济强省为目标,着力推进旅游综合改革发展,加强旅游对外开放与合作,加快重大重点旅游项目开发建设,加大旅游市场开拓力度,使云南旅游业保持持续快速发展的态势。

2009年至2013年,云南省累计接待的海内外游客从1.2亿人次增长到2.4亿人次,旅游业总收入从810亿元人民币增加到2 111亿元人民币。同时,云南旅游业已经形成多元化的投资格局,政府引导、市场主体、社会和民营等多种资本参与的开发建设模式基本形成。

2014年5月1日,《云南省旅游条例》正式施行,标志着云南旅游法制化建设、依法治旅、依法兴旅迈出了新步伐,为云南旅游强省建设提供了重要

| 案例五 |
行动与计划：万融集团创业规划的由来

的法律支撑。2014年，云南省共接待海内外游客2.86亿人次，实现旅游总收入2 665.74亿元；2014年全省旅游重点项目建设完成投资约314.8亿元，建成或部分建成并投入运营项目17个。

据中国产业调研网发布的2015年版中国云南旅游市场现状调研与发展前景趋势分析报告显示，2015年2月，云南省旅游工作会议透露，2015年云南省旅游重点项目建设投资将达到300亿元以上，力争旅游接待人数和旅游总收入增长15%以上。当前，全球旅游重心正逐步向亚太地区转移，中国旅游需求迅猛快速增长，云南旅游业已进入历史性战略发展机遇期，云南省政府提出将要把云南省建成中国的旅游强省，并在体制机制、资金、政策及土地等方面采取有力措施来加以推进。

云南与南美洲的哥伦比亚、厄瓜多尔及非洲的肯尼亚并称"世界三大花卉产区"。凭借独特的自然条件优势、良好的产业基础和有力的政策支持，花卉产业发展取得了令人瞩目的成绩。云南已成为世界最重要的观赏花卉主产区之一，以及加工花卉（含药用、食用、工业用和保鲜花）、旅游花卉重点区域。云南逐步发展起了全国驰名、世界知名、两种交易机制共存的花卉市场，花卉科技创新、物流运输、技术培训等配套服务齐全。

云南茶叶产业处于全国采摘面积第一、产量第二、综合产值第三的位置。全省茶园面积595万亩，采摘面积538万亩，干茶总产量33.5万吨，实现茶叶综合产值370多亿元。普洱茶、滇红茶两大茶类产量占全省成品茶总产量的71%，是云南省茶叶代表性骨干产品。资源稀缺、产量稀少的"古树茶"倍受中外茶人、消费者的追捧，成为云南省茶产业的一大亮点。此外，云南以天士力帝泊洱、贡润祥、云白药天颐等茶企为代表生产的茶粉、茶膏、茶饮料及化妆品等高科技、高附加值的产品有了新发展，丰富了云南茶叶产品结构。

如何发挥自身优势，在云南区域条件下开展公司业务，已经在熊云心里逐步展现出来。2014年，熊云成立了万融实业集团有限公司，一个集特色商品、茶叶、餐饮、花卉于一体的集团公司。

六、绿肴尚品,产品组合

近 40 年来,随着我国工业的发展,食品安全是一个迫切的问题,一味地追求产量,却忽视了安全质量问题和营养价值的降低问题,农残超标、重金属超标是食品安全隐患的刽子手,肥料和饲料的不合理运用导致了食品营养价值的降低。

将云南土特产品整合在一个品牌下,推进乡村养殖业的发展是万融集团的第一项业务。熊云注册了"绿肴尚品"这一品牌,并且规定这一品牌的理念为:"土而不俗,绿色生态,健康安全,铸就健康生命,生生不息。"

"绿肴尚品"结合国家"有机食品、绿色食品、无公害食品"相关种植养殖技术和加工方式方法,严格控制各项指标,形成了一套独特的半野生种植养殖技术,在保证营养价值的前提下近乎"自然圆熟"的生产加工方式所得到的系列产品,并且在各地建立了生产基地。这些产品包括林下散养野猪肉、散养黑毛土猪肉、散养小耳朵猪肉、林下散养纯土鸡、高原特色蜂蜜、高原特色有机米、高原野生菌系列、高原特色坚果类、高原刺果油、高原特色野生中药材、云南特色咖啡等产品。

七、永生花开,贵人相助

云南花卉产业发达,成熟比较早,作为后进者,熊云知道做鲜花项目没什么优势,但事在人为,通过选择永生花项目,现在反而做得很好,跟新加坡、日本、荷兰这几个地方合作得比较密切,国内市场主要在上海。因为做永生花,造价成本高,万融公司不投资基地,但圈基地与农户合作,公司先付定金,等收获了再按照市场行情交易。熊云在云南昆明的汤池有个花卉加工厂,他介绍,玫瑰的永生花是五颜六色的,但不是天生的,靠后期加工,在永生花的后期加工上,公司共申请了 12 个专利。

在昆明市场,万融集团具有 3 个合作对象。其中一个是郑继兰花卉,郑继兰的名气很大,凡事亲力亲为。虽然她连手机上的打字功能都不会用,平

| 案例五 |
行动与计划：万融集团创业规划的由来

时都是通过微信发语音来联系客户，但她的精神值得学习，同行都非常尊敬她。熊云则在和郑继兰的交往中使其成为自己的友商。熊云帮过她很多忙，郑继兰不懂管理，不会管理自己的核心技术团队，她培养的团队总是陆陆续续地离开公司，自立门户。熊云在管理团队上给过她帮助。当时熊云要做这个项目，也是她鼓励熊云去尝试。还有一年玫瑰花产量很紧张，一位金先生把农户的玫瑰花都买走了。郑继兰很慌，熊云也出面帮她解决。

鲜花需要考虑运输问题，包括运输成本，熊云帮她解决运输的问题。后来郑继兰就鼓励他来做永生花的项目，因为老一辈的人做不动了。熊云去她们的厂里参观，觉得技术简单，只要有几位老师傅就能搞定，而且能把花朵加工成五颜六色本身就是件很神奇的事，虽然熊云不是很喜欢，但还是做了，一是花朵的存放周期长，二是熊云很喜欢她的工艺。这个工艺还是十分考究的，要把玫瑰花染成五颜六色，首先需要脱色，脱色到什么程度是有技术要求的，然后烘干，烘到什么样的标准也是有要求的，需要锁住花瓣30%的水分，这个很难控制。再着色，自然着色还是浸泡着色又是大问题。玫瑰花瓣的组织如果通过浸泡来着色很容易腐烂，最好是自然着色。

永生花的第一个客户是香港严氏公司，对于熊云来说，严氏公司的雷总很奇怪，他的订单不多，就1万个，但是很用心，他与万融集团的销售团队谈了3个月，他为什么会选择万融集团，熊云也没有认真去考虑。按道理来说，他既然有时间和万融的团队谈3个月，他也有时间去和别的公司谈的，但他最后选择了万融集团，肯定是有某些方面的优势取胜。雷总从香港直飞到昆明，在公司看了厂房后就没有再去别的公司，第二天就回香港了。

永生花的第一笔业务面临的主要是运输困难。在此之前，万融集团对跨境贸易什么都不懂，后来才明白香港地区虽然属于中国，但运输方面还是属于跨境运输，大批样品不能运过去，这才知道要报关。

八、创业规划，集团未来

熊云从回忆中醒来。他摆开面前的白纸，奋笔疾书。

云南万融实业集团有限公司（简称"万融集团"）始创于2014年5月，是在云南省委、省政府关于发展高原特色现代农业的重大战略指引下组建成立的具有现代特色大型花卉产业型集团企业。集团下辖8家全资成员企业，分别从事花卉种植、永生花工艺、园林装饰、国际贸易、农业科技、酒店管理、餐饮服务等业务。

云南万融集团自成立以来，始终坚持"创新、合作、共赢"的经营理念，充分利用云南资源优势、生态优势、地理优势和发展基础，以产业发展为核心，着力推进云南花卉产业体系发展，搭建丰富多彩、生态环保、安全优质、四季飘香的云南高原特色现代花卉产业平台。为加快集团产业发展，努力打造在全国乃至世界有优势、有影响、有竞争力的高原特色花卉战略品牌，万融集团联合国内外资深专家人才资源组建了高原特色花卉产业创新科技团队，实现以科技推动产业发展、品牌带动产品生产。

未来5年，万融集团将牢牢抓住国家实施"一带一路"倡议和全面实现"中国梦"的重大机遇以及云南省加快推进产业转型升级、大力发展大生物产业的战略机遇期，以发展高原特色现代花卉产业为主线、基地为依托、科技为支撑、市场营销和品牌打造为重点，通过进一步搭建科技研发平台、整合国内外科技资源，立足特色化、高端化打造云南省高原特色现代花卉产业品牌，全力引领云南高原特色花卉产业快速、健康发展，实现万融集团花卉产业大发展。

看着自己写下的这段文字，熊云仿佛看到了集团的未来。

附录一：熊云简介

熊云，男，普米族，中共党员，1989年7月出生于云南省丽江市宁蒗彝族自治县的一个普通农村家庭。2010年毕业于云南农业大学农学与生物技术学院种子专业，2017年6月毕业于上海大学管理学院并获得工商管理硕士学位和研究生学历。现为国家注册人力资源管理师、国家高级心理咨询师、结构工程师。2014年5月至今担任云南万融实业集团有限公司董事长、总裁。

| 案例五 |

行动与计划：万融集团创业规划的由来

社会荣誉

1. 2011年6月，被云南省人民政府授予首届"优秀创业者"荣誉称号；

2. 2015年9月，荣获由《云南信息报》《南方周末》《南方都市报》共同举办的2015年云南省商界青年领袖评选的"商界青年领袖奖"。

社会活动

1. 2011年5月，做客云南农业大学《赢在校园，对话职场》栏目；

2. 2012年6月，做客中国视频招聘网《勇网职前》栏目；

3. 2013年10月，做客云南农村干部学院"大学生村官创业面对面"教学访谈；

4. 2014年1月，出席云南省普米青年联谊会成立仪式暨全省普米族庆祝"吾昔节"活动，并代表云南省普米青年联谊会致节日祝词；

5. 2014年9月，做客云南农业大学"人生·选择·价值"系列讲座，并做题为"在绝望中寻找希望"的主题讲座；

6. 2017年7月，做客云南农业大学"学生党员骨干示范培训班"，并做题为"以党建为引领，推动大学生创新创业"的主题讲座。

媒体报道

1. 2010年10月，其创业事迹由中国人民日报出版社出版的《追梦彩云南——云南农业大学历届毕业生创业纪实》一书收录；

2. 2011年3月，其创业事迹由云南民族出版社出版的《新中国成长的普米人》一书收录；

3. 2010年6月，其创业事迹在云南电视台《都市条形码》栏目播出；

4. 2011年6月，其创业事迹在云南电视台《云南新闻联播》栏目播出；

5. 2011年8月，其创业事迹在《云南日报》《春城晚报》"云南网"等省内各大主流媒体报道；

6. 2011年10月，其创业事迹在《中国日报》《人民网》《北京日报》"新浪网""搜狐网"等国内各大主流媒体报道；

7. 2015年7月，其创业事迹专题报道在《云南信息报》刊登。

社会兼职

1. 2014年当选为云南省普米青年联谊会副会长；
2. 2016年当选为云南省普米族文化研究委员会副秘书长。

资料来源：万融集团官网

附录二：云南万融实业集团的组织架构

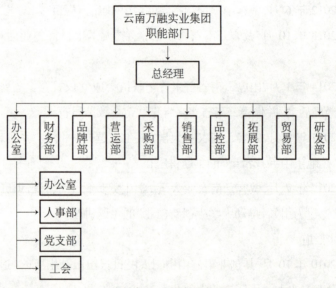

资料来源：万融集团官网

附录三：云南万融农业科技有限公司养殖基地

云南万融农业科技有限公司昌宁飞鸡农场于2015年初开始发展林下生态土鸡养殖，占地面积2 800余亩，农场目前主要以林下散养纯正土鸡为主，旨在打造林下生态、绿色、健康的纯生态土鸡。确保生产无公害、健康产品。同时带领当地群众增收致富，为打赢扶贫攻坚战奉献应有的社会力量。

云南万融农业科技有限公司安宁土鸡养殖基地位于"中国红梨之乡"云南安宁，公司以现有安宁市万亩红梨果园为基础，采用全景生态果园放养模式，以放养纯土鸡为品种，生产土鸡蛋及绿壳土鸡蛋。公司采用"公司+农

案例五
行动与计划：万融集团创业规划的由来

户"的运作模式，依托省内外农业院校科研技术进行养殖。在产蛋期间不添加任何抗生素、色素、添加剂等。

云南万融农业科技有限公司宜良土鸡养殖基地于 2015 年 9 月投入建设，占地 500 余亩山林，基地主要以林下纯正土鸡养殖为主，基地目前养殖纯正土鸡约有 12 700 只。宜良基地建设旨在为集团提供优质、安全、有机、健康的生态产品，同时带领当地农民群众增收致富，解决当地群众就近就业。

云南万融农业科技有限公司林下散养黑毛土猪，散养在植被保护完整的保山昌宁和德宏户撒大山自然环境里，每天早上被山里的孩子赶到山里，吃着带有露水的青草，在原始森林里穿梭，在山间跋涉，它们过着无忧无虑的生活，正如山里的孩子，它们不需要现代文明的气息，单纯、原始、粗犷、健壮……即便身体有点毛病，也会在森林里寻找复原的草药。猪叫的时候饿了，也就是吃点山里种的南瓜、百草、苞谷和玉米秆儿。这种散养的黑毛土猪，保持固有的不驯化精神，不吃饲料，只吃杂草和五谷，也只有大山深处的山民才有如此耐心允许黑毛土猪活到 365 天以上，只有大山的山民才有如此靠山的杂草供给如此任性的黑毛土猪。由此，我们还能品尝到以前的那个肉香味，那个扑面而来醇香厚重的黑毛土猪的肉香味。

附录四：产品基地和热销特色产品

热销特色产品

林下散养野猪

散养黑毛土猪

林下散养纯正土鸡

生态养殖基地

林下散养土鸡养殖基地

黑毛土猪养殖基地

林下野猪养殖基地

有机种植基地

天麻种植基地

三七种植基地

铁皮石斛种植基地

高原特色产品

高山蜂蜜

林下散养土鸡蛋

瀍江紫米

资料来源：万融集团官网

案例使用指导

一、案例摘要

本案例描述了一位创业者从赚钱谋生到创办集团公司，从一个孩子王到成熟的企业家的成长过程，引导学生思考如何处理商业计划与创业行为，机智灵活与长远规划之间的关系。熊云在大学期间更多的是实现从赚钱到创业的转变。通过不断和学校领导、老师、同学沟通，熊云不仅在赚钱过程

| 案例五 |

行动与计划：万融集团创业规划的由来

中学会了抓住赚钱机会，而且体验了从零到一的资源获取过程，为自己今后创业积累了一定经验。在工作以后，熊云利用云南省的地理优势，以云南特色产品开展自身业务并逐渐发展壮大，并且开始主动融入发展高原特色产业，为万融集团做好未来规划。案例教学中既要激发学生利用已有的知识来协助创业者应对来自品牌、业务的多重挑战，同时也要帮助学生理解如何在困难的条件下获取资源、积累经验并为今后的创业积累经验。

二、教学目的与用途

1. 本案例适用于"创业管理""品牌管理"等课程，其中"创业管理"适用于创业中的资源获取。"品牌管理"课程适用于如何设定品牌战略。

2. 本案例的教学对象：工商管理本科生。

3. 本案例的教学手段：分组分析研讨。

4. 本案例的教学目的：

（1）理解赚钱和创业对于熊云来说有什么区别。

（2）理解熊云在创业过程中获取资源时面临的困境和应对方式。

（3）学习和研讨多元化企业的优势和劣势。

三、启发思考题

1. 案例中创业者具有怎样的特征？为什么熊云会具备这样的特征？哪些经历会促进熊云具备获得资源的勇气？

2. 熊云在创业过程中是否拥有一个完整的创业计划？讨论创业计划对于熊云创业的影响。

3. 熊云的多元化业务的优势和不足在哪里？能否帮助熊云给绿肴尚品设计一个品牌战略？

案例六

打造文化符号,体味饕餮盛宴:
塔顶泰国时尚餐厅发展之路

一、美食相伴

餐饮行业是第三产业中重要的组成部分,也是消费型服务业。《2015年中国餐饮市场分析报告》说明,2015年全国餐饮收入实现32 310亿元,同比增长11.7%。《2016年度中国餐饮市场分析报告及2017年市场前景预测报告》统计的数据,2016年全国餐饮收入35 799亿元,同比增长10.8%,限额以上单位餐饮收入9 213亿元,同比增长6.0%,两者增速分别较上年同期降低0.9个、1.0个百分点。餐饮业发展速度仍位于合理区间,餐饮收入总规模占到社会消费品零售总额的10.8%,比重持续回升,并且餐饮市场对整个消费市场增长贡献率达到11.1%,拉动消费市场增长1.2%。餐饮行业稳增长、促消费为国民经济发展作出应有的贡献。虽然在经济下行压力下,"湘粤情"等高端餐饮品牌的轰然倒塌。整个餐饮行业经过重新调整和组合,在结构和模式等各个方面不断创新的情况下,市场份额如此之大,并且还有不断扩张的趋势,餐饮市场消费不断回归理性,满足广大人民群众日常生活需要。

这么诱人的投资领域,对于追求利润的资本和勇于创新的人们都具有强烈的吸引力。想进入这个市场角逐的勇士也越来越多,从事餐饮行业虽然看似简单,但其中各种问题纷繁复杂,很多业内前辈经历各种考验和艰难困苦,总结了很多经验教训。餐饮业普遍的感觉是门槛低,销售业务十分容易开展,但是由于监管的困难和市场范围广大,更容易出现产品质量、服务质量和经营管理等方面各种的问题。在上海这样的国际化大都市更有清晰的体现。

| 案例六 |

打造文化符号,体味饕餮盛宴:塔顶泰国时尚餐厅发展之路

古典、时尚、本土、海外各种元素在上海这个奇妙的城市都能找到确切的表达。多种文化兼收并蓄,像"沙拉盘"一样汇聚在上海,成为一个个上海国际化大都市的文化符号。不同层次、不同年龄的人们在一起努力建设这座美丽的城市。口味各异的百姓每天都在寻找果腹和心灵小憩的食肆饭馆。餐饮业体现着多种文化的汇聚,竞争显得尤为激烈。人们都觉得上海没有多少特色的美食,不能找到家乡的味道。寸土寸金的空间经常满足不了人们劳累之余密友小聚、情侣约会的需要。

优雅知性的高校教师梅布尔(Mabel)和先生从中看到了巨大的商机,也想给大家提供一个休闲放松的港湾,又有美食相伴,并且提供细致周到的服务,选择在学生和白领众多的区域开办特色鲜明又有浪漫风情的餐馆。于是就有了现在的塔顶泰国时尚连锁餐厅。

大学路是杨浦区复旦大学旁边的一条一公里长的林荫小道,与创智天地相连。现在已经是杨浦区知名的小资休闲一条街,猫咖啡馆等各种特色咖啡馆、西餐厅、书吧和特色手办礼品和公仔店林立,还有涂鸦墙点缀其间,也有COSPLAY爱好者的街头表演,可以感受到清新惬意的创意享受。

塔顶餐厅的"塔"在东南亚国家是佛教重要的建筑,而"顶"意味着顶尖。塔顶泰国时尚餐厅意味着"泰国菜的顶尖",其菜品之地道、口味之正宗绝对在上海众多泰式餐厅中出类拔萃,绝对不负盛名。最初选址在这里时,创智天地还没有完全竣工,地铁没有通车,周围的房屋还没有造好。塔顶餐厅从一开张便吸引了众多年轻人的目光。进入大门,一人多高的石制佛像、拾级而上loft风格的大堂,有一面红酒墙,不同年份和产地的红酒平躺在一格一格的柜子里等待着顾客的赏玩。幽静的环境中,聚光灯分别投射到每张桌子上增强了密友私聊亲切舒适的效果。细节都展示出浓浓的泰国风格,二楼户外的防雨桌椅最适合温度适宜的季节,看着楼下的穿梭的人群,晒着暖暖的阳光,或者躲在雨篷下,品尝着味道浓郁的泰式经典菜。

店里整体环境优雅,放着泰国的歌曲,整体很舒服。刚坐下,服务员就会来倒水,送鲜虾片,服务非常到位,点菜的时候也会介绍里面的配菜,提醒辣味程度。招牌咖喱皇炒青蟹,黄黄的咖喱中懒洋洋的盘踞着一只蟹,掀起盖头来,满满一盖的膏非常诱人,蟹脚虽然肉不是非常多,但还是很好吃的。品尝过的食客都说味道很好很浓郁,配送的面包片,沾咖喱汁吃特别好吃。金钱虾饼是很多食客来店必点的菜品,这款地道的泰式美食,酥脆美味的外皮与饱满的鲜虾肉浆,口感绝佳,肉质有弹性,很嫩很新鲜不油腻,酱料非常入味。碳烤猪颈肉的肉质非常细嫩,并且口口都充满肉汁,香气浓郁之中入口柔韧而有嚼劲,同时伴着带有甜味的泰汁酱。冬阴功海鲜汤,酸酸甜甜,很浓郁很回味,海鲜用料十足,虾的鲜美进入汤里,加上柠檬草的香味实在诱人,甜味中和掉了一些酸辣让人尝起来更舒服,没有泰国本地特别刺激的口味,改良之后甜辣适中。菠萝海鲜饭被食客们誉为大半夜也能让人全吃下去的,以至于会在都很饱的情况下都吃到了大半碗,事实证明很好吃!里面的菠萝超级甜,菠萝会被全部挑干净吃完。柠檬鱼酸酸甜甜也是很不错的,肉质很有弹性,非常好。绿咖喱牛肉,黄咖喱牛腩,黄咖喱豆腐,不同种类的咖喱刺激着食客的味蕾。虾酱空心菜,和普通的空心菜炒制方法不同,空心菜有虾的新鲜味道。黄咖喱大虾,虾壳已去除只留首尾,既烹制入味又方便食用。椰汁奶油蔬菜,真得让人觉得惊艳,浓浓的椰子味加奶油味,超级入味好吃。青柠脆皮鸡、香芒果糯米饭、青木瓜色拉、椰香西米糕等等,每季都推出新菜式,每一道菜都让人觉得非常用心,有创意,满满的泰国风味。这么特色鲜明的餐馆在杨浦区吸引了众多的年轻人聚餐赏味。运营情况非常好,3个月就实现了盈亏平衡,每月盈余逐渐上涨,节节攀高。塔顶泰国时尚餐厅经营不到10年时间,能够如此的成功,这是与科学管理理念的正确使用分不开的。

二、国际化管理团队

机缘巧合的是,创建泰国餐厅最初的想法来源于小Q,是Mabel老师先生的学生,新加坡国籍,从小为了积攒学费一直在泰国餐厅打工,对饭店的厨房和大堂的管理流程和细节十分熟悉。在大学里取得学位之后就想将自

案例六
打造文化符号，体味饕餮盛宴：塔顶泰国时尚餐厅发展之路

己的十八般武艺学以致用，在上海滩的餐饮业界闯出一片天地。无奈之处是没有初始创业的启动资金，与老师进行深入讨论之后。Mabel 老师夫妇也被小 Q 的经历和故事打动，也想圆一个餐厅梦。Mabel 老师夫妇和小 Q 都具备商业敏锐性和洞察力，执行能力更是超群，说干就干。根据在杨浦区生活多年的经验，选择在大学路开设第一家特色店。选址确定之后就是装修，大家协商一致请了沪上建筑著称名校的设计师主持设计，因地制宜、既不铺张奢华，异域风情特色突出，整体效果非常惊艳，装修支出物超所值。

厨师团队和洗菜工、服务员、收银员及大堂经理的选聘也一样花费一番心思。由于初始的启动资金有限，招聘面试时除了填妥薪金之后，还需要交流每个人的认识和看法，配备并且提供长期培训大厨、二厨、三厨等多名主厨，防范主厨请假或跳槽的意外发生，希望大家可以长期合作，共同打造这个事业，不断提高业务能力，厨师团队参与到持续的菜品创新和根据顾客意见和市场需求不断调整的工作中。在这个过程中小 Q 参与了各项工作，从最初的菜单和菜品设计与造型，到厨师团队的培训，手把手地教主厨做每一道特色菜品。在开张之初的第三个月，大厨老家急事请假半个月的紧急关头，餐厅的菜品质量没有受到，人员工作调剂合理之后，大家也互相打气携手向前。

大堂经理小 W 的加入也是缘分，她是土生土长的台湾人，家族里有世代经营的餐馆和其他产业。小 W 也从小立志用自己的能力振兴发扬光大家族企业，读大学就选择和兄长到广阔的大陆市场历练，积累实战经验。在大陆将要取得学位时，从老师和同学那里得到塔顶餐厅开张的消息，自告奋勇地申请担任大堂经理的岗位。由于她的工作经验并不是很丰富，大家初见对她申请的职位很是犹豫，学历比较高但是缺乏和实践的联系。她用自己的话语和行动打动了大家。每天都是最早到店，最晚离开，顾客进出店门欢迎和告别的声音，软糯的台湾腔甜美响亮，鞠躬超过了 90 度，虚心向 Mabel 老师夫妇和小 Q 学习各种知识。经过一周时间的努力就熟悉了工作职责，带动全体服务员提高服务水平和质量。遇到各种情况都可以迅速反应解决。

Mabel 老师观察之后觉得小 W"人超所值",在餐厅 3 个月有盈利之后就马上发了大红包以示感谢。小 W 3 年的合约期满离开上海,大家依依不舍地告别,互相约定去了对方的地盘,一定尽地主之谊珍惜难得的缘分。

虽然塔顶的工作人员一直进进出出不断流动,也在持续开设分店的过程中,培养了更多适合的人才,这与塔顶的股权管理模式是分不开的。它的股权结构和激励模式都随着店面的发展体现着新的管理学理念。开店之初,小 Q 没有初始资金投入,他以自己的知识和技术作为无形资产的投资。Mabel 老师夫妇说服了亲友共同投资开设第一家店。起初计划店面一年时间达到盈亏平衡,第二年赚取利润后每年根据约定比例给小 Q 分红,直到小 Q 自己积累够足够的资金,也开设分店作为出资股东,并且每家分店的几位主厨和大堂经理稳定工作一段时间后,也可以获得所在门店一定比例的股权,除了固定工资之外,他们努力工作也可以根据当年盈利水平获取到分红,如果辞职离开,需要把股权归还给 Mabel 老师。集中体现了股权激励制度在中小企业,尤其是餐饮业管理应用上的创新。

三、独特的客户定位和营销模式

要想成为餐饮行业的佼佼者,必须准确地定位消费群体,不仅要详细了解顾客的收支情况,还要分析他们的消费倾向,从而明确自己的目标市场。不同的消费阶层对市场的需求不同,年轻人、老年人、商人、学生、家庭主妇、单身者等消费者的需求各有差异。餐饮经营者可以通过确定各个细分市场的顾客外出就餐次数,进行定量分析。刚好这是 Mabel 老师夫妇最擅长的领域,结合小 Q 丰富的实践经验,可以非常精准地为顾客提供菜品服务。

一般是按顾客年龄层次分析。餐饮消费者的饮食需求和消费能力随年龄增长而不断变化。按顾客收入水平及职业分析。不同收入水平的顾客需要不同档次的菜品,Mabel 老师根据上海的实际生活水平进行分析之后,定位收入中高档次的顾客,掌握他们希望品尝到美味的菜肴,也希望各种原材料选择使用和加工过程可以保质保量,小 Q 也严格管理各个环节,不能购进

| 案例六 |

打造文化符号,体味饕餮盛宴:塔顶泰国时尚餐厅发展之路

低下的原材料,必需的进口酱料调味品也亲自把关选择采购。控制塔顶餐厅的菜品质量,保证在这里完全可以得到身心的放松。

不同职业的顾客对菜肴的需求也不同,高级管理人员、商人有商务宴请的需要,工薪阶层和大学生需要营养丰富、品味独到的菜肴食品。这是按消费心理分析。便利的心理,服务方式的便利性是顾客希望在接受餐饮服务时能方便、迅速并要求一定的质量。塔顶餐厅可以满足上述多种不同类型食客的需求,可以作为商务人士交流谈判的小规模宴请的场所,有两个包厢也可以部门聚餐;情侣约会,好友密谈都可以满足并体验新奇的心理,让这些具有求新心理的顾客在消费时注重餐饮产品所带来的新奇感,塔顶餐厅的环境、服务和产品的独特性,像磁石一般吸引着大批顾客。很多顾客会每月固定来消费几次,就办理了 VIP 卡。很多友人也问过 Mabel 老师是否借鉴其他餐馆开张经营时,大张旗鼓地散发传单和打折券,或者是雇佣一些网络水军推送,甚至像一些网红品牌那样雇佣黄牛涨人气。Mabel 老师告诉大家,这样的行为会混淆品牌的层次和品味,塔顶餐厅希望打造独特的形象,不希望带给彰显品位的顾客降低水准的印象,不使用网红店和快餐店的营销方式。满足消费的人舒适心理,每一位顾客在用餐时都希望餐饮店提供的服务设施、服务项目等能给身心带来满足和享受。塔顶餐厅在提供美味佳肴及优质服务的同时,全面考虑到了店内的设计、装饰、设备等能否带给顾客视觉、听觉、嗅觉、味觉上的愉悦和享受。

餐饮业一般有几种定价方法。以成本为中心的定价方法,即门店根据成本来确定食品、饮料的销售价格。通常这种定价方法,包括两种不同的具体方法:成本加利润定价法,即按成本加预期的利润而制定的价格,这种定价体现了以产品价值为基础来定价的原则,是基本的、普遍的,也是最简单的定价方法;目标收益率定价法,即先制定一个目标收益率,作为核定价格的标准,然后根据目标收益率计算出目标利润率,再计算出目标利润额。这种方法是将利润看作产品成本的一部分来定价。很多连锁快餐店因为门店众多,产品比较固定,常采用这种方法。

以需求为中心的定价方法，即根据顾客对餐饮产品价值的认知程度和需求程度来确定价格的方法。其中包括两种方法：理解价值定价法，又称觉察价值定价法，它是根据顾客所理解的餐饮产品的价值，或是根据顾客的价值观念来制定产品价格的一种方法。餐饮企业在利用这一方法定价时，主要是利用市场营销组合中的非价格因素向顾客进行示范，使他们对产品形成一种较高的坐标观念，然后再根据这种价值观念制定价格。餐饮企业的非价格因素包括餐饮店所提供的食品、饮料以及服务、广告推销等。这种价值模式的形成对产品的价格水平和加快产品市场接纳速度非常重要。区分需求定价法，即餐饮企业根据顾客需求强度的不同，对同一产品采取不同的价格，以适应不同顾客的不同需求的一种灵活的定价方式。在这里，价格差异的基础是：顾客需求、顾客的购买心理、产品种类、地区差别、时间差别等。餐饮企业一般都采取统一的价格，除非是跨国经营的连锁店，由于存在地域差别、消费水平差别，需要根据实际情况适当调整价格。

以竞争为中心的定价方法，即餐饮企业以竞争对手的价格为定价依据的定价方法。可分为竞争参照定价法和随行就市法：竞争参照定价法，即餐饮企业在制定价格时，对照竞争价格，并以此为基础确定本企业价格的方法。这一价格可以与竞争价格相同，也可以低于或高于竞争企业的价格。餐饮店经营者采取此类方法时，必须深入研究市场，充分分析竞争对手，否则很可能制定出不合理的价格。随行就市法，又称为流行水准定价。这是以竞争为中心的定价法中被企业广泛接受的最简单的一种方法。餐饮企业的产品价格保持与同行业平均价格水平一致。这种定价方法容易与同行业和平相处，保持友好的关系，避免激烈的竞争。塔顶餐厅采用的是以成本为中心的定价方法，每两周推出新创菜品，不断更新菜单。

餐饮业经营一般都是，某个品牌"成功"开了一家店之后就想快速扩张，增加曝光率，争取更大的市场份额，更多收入和利润，可是如果基本的市场规律和客户需求都没有了解清楚。可能就是还没有走稳，就急着跑步和飞翔，盲目的好大，追求速度，目标在一年内十几家甚至几十家店，会失败得更

| 案例六 |

打造文化符号,体味饕餮盛宴:塔顶泰国时尚餐厅发展之路

加惨烈,可能突然之间巨额亏损。对餐饮品牌发展是致命的打击。"鼎泰丰"从 2009 年进入北京市场,经过多年时间只开设 6 家分店,可能出于多种原因考虑稳扎稳打,在意出品,可以做到每开设一家新的门店就要确保这家店在各方面都做到极致,获取稳定的客户群体、收入和利润。

  Mabel 老师也决定开拓更大的商业版图,放弃住宅改善的个人需要,筹集到更多的资金,以同样的管理模式设计店面、培训相关岗位人员,增设连锁分店。逐渐开张了北苏州路分店,位于苏州河畔,比邻四行仓库和大悦城,距离人民广场商圈很近,又处于相对边缘地带;永新坊店,位于徐家汇商圈之内,曾经在大众点评网上是排名徐家汇第一的泰国餐厅;大宁中心店,位于大宁音乐广场,静安北地标广场;五玠坊店,是浦东三林地区口碑很好的泰国菜餐厅,网上票选为浦东地区环境优先十佳东南亚菜榜第七名,是附近方圆几公里甚至更远的人们聚餐首选的餐厅。非常遗憾的是第一家塔顶餐厅大学路店因为杨浦区大学路的知名度人气剧增,导致房租过高而关闭了。

  总之,塔顶餐厅的店面扩张是稳扎稳打十分成功的。从菜品配方设计出炉到实现标准化推广,Mabel 老师夫妇已经总结出了成功经验,根据区域划分,先在一个商圈站住脚,一个商圈的门店建立好之后,才会考虑去"攻打"下一个商圈。尤其是这两年餐饮市场崛起迅速,如果跟风似地快速扩张,就会首先自乱阵脚,如果降低了产品和服务的质量,那就非常危险了。

  每一家门店里餐具的挑选,灯光的角度都是 Mabel 老师夫妇和小 Q 精心设计的体现。独具匠心的店面和产品设计也吸引了周围人的关注,开业 3 天后,大众点评网就挂出了塔顶泰国时尚餐厅的信息,吸引了尝鲜的青年学生和附近工作的白领幸福地写下自己的感受。2010 年电视剧《男人帮》剧组在上海拍摄时,剧务辛苦地寻找特色餐厅作为拍摄场所,发现塔顶餐厅大学路店之后眼前一亮。黄磊与孙红雷出演的场次在这里拍摄了 3 周时间,几乎每天都工作到天黑,吸引周围的学生和工作的人们围观。两位男主角工作当日都选择在这里享用午餐和晚餐,对菜品味道赞不绝口。2011 年

电视剧《男人帮》播出后更吸引了更多的食客前来体验。今年电视剧《男人帮》又在卫视重播,我们只能从电视剧镜头中欣赏当年的第一家塔顶大学路店了。杨浦区属于塔顶餐厅的泰国美味消失了,让喜欢它的人们路过大学路时都深深感到遗憾。

塔顶餐厅如火如荼的经营,开业未满一年就吸引了嗅觉敏锐的大公司闻风而动想收购塔顶。Mabel 老师夫妇和小 Q 也进行了恳切的交流,小 Q 不愿离开尊敬的老师和其他不够了解熟悉的人进行合作。Mabel 老师夫妇也认为不能为了眼前利益就把投入了许多感情和希冀的餐厅转手出让,小 Q 以及刚刚培养成型的厨房和大堂服务团队才是最宝贵的财富。于是,他们断然拒绝了整体出售的建议,约定如果未来时机成熟时可以合资共同开设分店。

餐饮业的竞争异常惨烈,也会不断地遇到各种问题、困难和陷阱,每天都会遇到各种各样的事情,可即便这样,依旧还有很多人想挤进这座"围城"。很多投资创业者都觉得门槛不高,利润可观,但是没有勇气和毅力去克服种种困难,不断创新,具备艰难前行的心理准备和能力,多角度多层次分析权衡利弊得失做出战略决策,餐厅的经营才会越走越顺,现在塔顶餐厅又一次面临激烈的竞争环境,很多零售店铺倒闭转型进入餐饮行业,Mabel 老师夫妇和小 Q 还会继续努力不断在塔顶餐厅实践有效的管理理念。

案例使用指导

一、案例摘要

本案例描述了一位创业者如何在上海的餐饮市场发现创业机会并成功地创办了连锁品牌餐厅企业的过程,引导学生思考小型创业如何在竞争激烈的服务产业持续生存以及这个企业应当如何构建自己的竞争力的问题。在发现上海餐饮业的发达以及市场前景后,创业者在工作之余与人合作建

案例六

打造文化符号,体味饕餮盛宴:塔顶泰国时尚餐厅发展之路

立餐厅,努力聚拢人才,开拓市场并构建组织能力,利用服务品质的提升,面临着激烈竞争的环境,努力打造餐饮品牌,开设连锁餐厅。创业者案例教学中首先要让学生意识到如何充分利用个人的专业优势和来已有的知识实现创业应对挑战,同时也要帮助学生分析创业者个人特征与创业行为的充分关系,理解全球视野带来的影响,同时也要帮助学生通过建立创业机会认识全面系统的观念,帮助创业者如何建立服务品牌,实现可持续发展。

二、教学目的与用途

1. 本案例适用"会计学""战略管理""管理会计""市场营销"和"财务管理"等课程,其中"会计学"课程适用于企业日常业务活动核算分析和财务报告。"管理会计"课程适用于企业成本核算,责任会计和经营决策分析。"财务管理"课程适用于本量利分析、资本预算和股权结构的相关内容。"战略管理"课程适用于产业分析和企业能力。"市场营销"课程适用于品牌管理和新媒体营销的相关内容。

2. 本案例的教学对象:工商管理、国际贸易本科生、工商管理硕士、会计专业硕士。

3. 本案例的教学手段:分组分析研讨。

4. 本案例的教学目的:理解餐饮行业创业的优势、餐饮行业创业会遇到哪些方面的问题,以及如何增强餐饮企业的能力。

(1)理解 Mabel 老师是如何发现创业机会的。

(2)理解 Mabel 老师在创业过程中人员组织资本的创新方式。

(3)学习和研讨餐饮行业创业的特征。

(4)理解创业者的个人特征带来为创办连锁品牌企业带来的作用。

(5)怎样才能持续不断地增强竞争优势?

三、启发思考题

1. 案例中人员组织架构模型和股权结构设计方式。

2. 案例中连锁品牌管理的利润中心管理模式。

3. 餐饮行业创业会有哪些特殊的优势和劣势？创业者应该怎样做才能建立自己的核心能力？

4. 简述企业发展过程中的成本管理和定价策略方法。

案例七

新能源创业新秀的新商业模式

黄建明毕业于上海大学机自学院,硕士和博士均就读于上海大学。2009成立自己的公司,现担任上海岩芯电子科技有限公司法人代表。该公司是一家专注于大数据管理的新型分布式太阳能系统公司。公司以核心产品研发为基础,通过系统集成方式为客户提供整体解决方案。公司有30多个员工,其中一半由博士、硕士组成,是一支有很强的自主创新能力专业研发队伍。

从1998年初试创业到2009年创建自己的公司,整整经历了11年。十年磨一剑,10余年间,他从初出茅庐的创业青年成长为睿智、豁达、精明能干的能源企业的创业新秀。公司在他的带领下,已经申请20余项发明专利,并有多项获得授权。公司以上海英孚特电子技术有限公司的闵行基地为制造中心,工厂具有ISO9001-2000质量保证体系,有250名生产人员及8 000余平方米的生产现场。

一、行业背景

岩芯公司属于新能源行业,借助于太阳能进行发电供电的新能源企业。联合国将新能源定义为以新技术和新材料为基础,使传统的可再生能源得到现代化的开发和利用,用取之不尽、周而复始的可再生能源取代资源有限、对环境有污染的化石能源。新能源包括太阳能、风能、生物质能、潮汐能、地热能、氢能和核能等。目前在中国,可以形成产业的新能源主要包括水能(主要指小型水电站)、风能、生物质能、太阳能、地热能等,是可循环利用的清洁能源。新能源产业的发展既是整个能源供应系统的有效补充手段,也是环境治理和生态保护的重要措施,是满足人类社会可持续发展需要的最终能源选择。

自2009年以来,中国通过"金太阳"工程和"光伏建筑一体化"工程两项措施,以投资补贴方式使分布式光伏电力得到了迅猛的发展。随后国家针对分布式光伏电力行业,出台了支持其发展的系列政策,特别是补贴方式转为与国际一致的度电补贴模式,进一步支持了国内分布式光伏电力的市场拓展。2013年以来,国家为大力发展光伏电力产业,推出了一系列产业政策,通过上调光伏发电装机容量目标、实施电价补贴政策、做好并网服务工作,积极开拓国内光伏应用市场,推动光伏电力的发展。

分布式光伏电力的发展与其自身的优势密切相关。首先,它占地面积小,只要是符合条件的屋顶就足够支撑起一个分布式光伏电站。其次,电站的日常维护相比集中式也更加轻松简单。最后,它几乎零污染,符合全世界对于清洁能源追逐的基本要求。可以说,分布式光伏电站承载了全球对未来清洁能源建设的希望。然而分布式光伏融资难,并网难,同时一般用户对于一次性投资持保留态度。

许多国家都在大力支持并扶持分布式光伏的发展。美国的分布式市场从2010年发展至今,始终呈现高速递增的发展态势。其中,家用市场的增长与发展最稳定。日本的国家领土面积不大,但是能源消耗却是全球第四,自2011年日本海啸过后,日本地区由于土地的紧缺和开发问题,太阳能市场开始从大规模地面电站转移至分布式光伏发电系统(家庭屋顶式),被誉为2016年间全球最大屋顶光伏发电市场,远超众多发达国家。德国90%以上都是分布式的光伏系统,大部分都是屋顶系统,用户达到100多万户。这一系列数据表明,分布式光伏早在全球掀起了建设热潮。未来必将主导整个光伏行业的发展。

光伏产业在带来可观经济效益的同时,能够有效减少能源浪费和环境污染,是未来引领新能源发展的方向。业内专家表示,以太阳能发电为代表的清洁能源是未来能源消费不可逆转的趋势,分布式光伏发电是最具有发展潜力的朝阳产业,也是最具有战略意义的新能源产业。

二、二次创业、凤凰涅槃

1. 初试锋芒攒经验

他1998年硕士毕业就参加创业项目——科达的数码相机,接着是无纸记录仪,记录温度和湿度,在LCD显示屏上存储并显示变化曲线。他和同学当时找了上海最大的大华仪表公司,向他们介绍了产品的性能和广阔前景—无纸、低成本,希望得到该公司的40多万元的资金援助,可最后因对方资金没到位无果而终。当时的创业氛围和资金都不利于创业者成长,初次创业持续了两年以失败告终,伙伴们都各自寻找工作,踏入一般毕业生寻常而普通的生活。当时他就充分认识到,光有一腔热血的伙伴们是不够的,有技术、资金和大环境才能成就创业者的辉煌。

2. 十年磨一剑,二次创业展才华

黄建明的第二次创业选择了新能源领域,这源自他对市场独到精准眼光。目前全球都在关注环境保护、减少碳的排放、政府也呼吁发展绿色环保、可再生的新能源形式。在此背景下,黄建明结合自己电力电子专业方向和同门兄弟都一直集中研究逆变器这个行业,创业就自然聚焦在了逆变器。在2008年筹备公司之时,中国当时新能源还未起步,但他已对欧美市场进行了考察,他坚信新能源会是大势所趋。对初创企业的他而言,他深知要走在他人的前面,要敢为天下人先,否则就会错失良机。他还说人一辈子不能过得太简单平淡,要有自己的追求。尽管创建公司之前他在一家外企已经做得顺风顺水了,可他总觉得人生少了什么东西,他需要有更有挑战性的东西,这也是激发他创业的原动力。大公司工作的经历给他提供了丰富的技术管理、企业管理经验和生平第一桶金,让他在自己初创企业中拔得头筹。

公司初建时,异常艰难。当时产品还处于研发阶段,只有一帮热血兄弟们全情投入。黄建明除了对公司进行管理,也自己写代码。他总是给予兄弟们极大的鼓励和帮助,向他们表明自己的创业态度,也给自己不停地打气。当时中国的新能源行业看不到市场,光伏板也因为高额的关税无法销往欧美市场。2013年5月是他最难熬的时间,市场看不到未来,三个核心成员中的一个带着两个工程师离开了。对创业小企业来说,核心成员的离去对公司打击很大,因为核心成员没有"备份"。当时账面上只有二三十万元,只够发两三个月的工资。他告诫自己再怎么也要坚持,不能放弃。他把离开员工的工作分给新进的员工慢慢接手,他和员工谈公司愿景和未来规划,通过精神鼓舞尽力消除此事对其他员工的影响。在这期间他把自己的房子抵押了,贷了180万元的款帮助公司渡过难关。不管公司经营如何,他从未拖欠过员工的工资。2013年7月国家出台鼓励新能源政策,采用设备补贴的释放性工程变成规模化的度电补贴政策,新能源市场才逐渐明朗,他的企业才慢慢走出困境。国家的政策如春风化雨般拯救了他的企业。

除了人员、资金困难,黄总的公司在技术也并非一帆风顺。在早期由于研发人员经验不足,产品的周期过长导致了时间、精力和金钱的大量浪费,阻止了公司的进一步成长。一次,在劝说无果的情况下,黄总不惜让公司损失上百万来返修产品让年轻的学弟们认识到自己设计的错误,他愿意给机会让员工成长,而不是利用权威去压制或强迫别人接受他的观点看法。在研发中有时由于对市场、技术把握不当,有些产品公司做不出来或设计的产品存在问题,这一度也使公司陷入了危机。不过现在这一切都在改变,黄总的宽容和指引让学弟们在业务上更加娴熟。公司研发现已日趋成熟:公司任何产品往往要设计多条可行性路线,并进行原理验证。只有在非常有把握的前提下才能投资,然后才使之产品化,这样就将风险降到了最低。

同领域的企业不少,岩芯公司从深度和广度去考虑保持和提升公司的核心竞争力。深度主要就是产品的优化改进,广度主要是扩大产品范围,进一步投资等一系列商业模式。岩芯公司一直在根据市场的情况和国家政策的调整对公司产品进行优化改进。前期主要根据客户需求设备、服务和技术,后又根据市场、公司特点来决定自己建电站,自己售电。现在随着国家在不断下调政府补贴,公司的远期目标是定位在能源互联网,短期是做企业综合能源服务。他一路走来亲身经历了没钱没项目的痛苦,他说创业就是

案例七
新能源创业新秀的新商业模式

坚持,否则对不起自己和兄弟。在他的带领之下公司慢慢步入了稳健快速发展的通道。公司的经营一年比一年好,2014年公司收入500万—600万元,2015年2000多万元,2016年1亿多元,他预计之后收益会更好。

三、另辟蹊径拓业务,不断反思向前看

好的商业模式是保证企业成功的重要因素。岩芯公司在黄总的带领下,积极进取、不断反思,在公司业务拓展、资金的获取、项目管理以及未来的战略设计都另辟蹊径,取得了显著的成绩。岩芯公司在2014年时,公司的业务主要集中在居民项目上,收益也不高,一个项目3万—5万元。尽管工期短,收益快,但一年下来顶多60—70家居民楼顶安装光伏逆变器,公司盈利一直不高。也就在同年公司为一家上市公司做楼顶工程(安装光伏逆变器发电设备),做这一家企业的收入等于做400家居民楼业务,这给黄总一个重要启示——公司要拓展业务,要将业务重点转向企业。但问题在于光伏对企业不是必需品,一般他们用国家电网,要让他们使用新能源比较困难,尽管年回报率可能15%左右,但因会占用其固定资产,愿意自己出钱装逆变器的客户寥寥无几。黄建明几经思考终于明白了解决资金问题(即谁投电站)是公司业务拓展的关键。他认为如果拉入第三方进来投钱,比如保险和大型国企来投资的话,问题就迎刃而解了。最后他们确定了公司运营模式——合同能源管理模式:第三方基金方——出钱投资,持有电站,黄建明的公司负责提供光伏设备和服务,业主提供屋顶并付费用电。该模式中岩芯公司基本上起中间人的作用,搭桥在基金方和业主方,大家共同进行利益分享,当时是在2015年,这种做法在业界并不多见。他们完全开创了一个全新的经营模式,资金问题圆满解决,也确定了自己在整个生态链中地位,这给公司再次发展增添了助推器。

2016年,岩芯又在深思如何进一步优化原有模式,以期进一步推动公司的发展和扩大规模。黄总说在国内光做产品不行,因为产品会很快被复制了,市场随之也就饱和了,因此必须走在他人的前面,做全套系统和服务。

他举例说卖设备只能赚 1 元钱,做系统赚 3—4 元钱,而如果运营电站则能赚 20—30 元,因为自己拿决定权。公司通过金融找钱、金融杠杆的作用再加上公司自己的一部分资金,实际资金使用在原来基础上已经放大了 5 倍,利用这些资金岩芯已进入自己投电站、自己经营电站、自己持有的模式。同时也学会了规避风险,将风险大的电站给基金方,自己留风险小的。岩芯主要做细分市场,只做屋顶光伏电站,电站是自发自用,大的电大部分是业主自己消费,卖给业主。

通过这种商业化行为,正常的金融手段,把盘子做大,公司投钱的过程就是不停地产生效益的过程,尽管推进起来相对慢点,过程长些,因岩芯公司基本做 B2B 业务,因在与客户合作中不需要对方额外资金的付出,这样能降低对方决策的门槛,对方也能获利,因此这个模式运作起来非常顺利。岩芯现在已经相对比较成熟了,建立起了良性循环的生态链。公司有自己的产品、自己的技术以及自己的资金。其产品、技术都是为自己的商业模式服务,只要把控好下游,将自己生产的设备为最终应用去服务。

公司现在从人员配置来看是按照轻资产方式运作的。生产制造从原来自己的工厂到今天的代工厂,但是技术是公司的,最后公司拿到的是成品。施工方面也是外包出去的,只是对外包公司进行管理,减少了专职任用的聘用费用。如果能大规模地为企业屋顶建电站提供服务的话,可以降低成本,加速公司快速扩张。他们计划对产品进行优化改造,作出一个标准化可商业化、可大规模复制模式,在全国各地广泛推广应用,更加聚焦光伏产品如何走向更大的市场。

四、团队管理有保障,齐心协力创未来

岩芯起步时主要是黄建明和他的同学,这期间人员也有些变动。目前他的团队主要是他研究生和博士期间的同学,比较偏技术也是公司的骨干力量。他认为这样团队相对好管理,因为大家熟悉,有信任感,容易沟通。他们苦乐与共,因此团队的凝聚力很高。在公司人员的使用上,黄总强调人

要做适合自己的工作,愿意做什么公司再提供相关合适岗位,充分考虑到个人特长的发展空间。他将每人视作公司的重要的一分子。在人员的建设上,他强调团队的梯队建设,年老和年轻的进行合理配置,老带小,有利于技术和经验的传承,减少犯错误的概率。

关于带团队的模式,他很谦虚,说也没有什么特殊的模式,他自己主要从宏观上来把控一个团队,给员工足够的空间成长。他希望能和同学们一道互相帮助,一起实现各自的一些价值。作为以技术为主的团队,他认为一定要做好技术和市场的平衡。他以自己为例说明能力是摸爬滚打中锻炼来的。原来不擅长跑市场的他,基于他技术男的踏实肯干特质,在拓展市场上他的作用也日渐凸显,他戏谑说技术男特别容易赢得别人的信任,现在他已成功地从技术转到市场,很多早期的客户都是他拿下了的。他认为对于市场一定要理清脉络,在中国做市场不仅产品要好,也要有一定的社会关系网,找对了人项目就来了。

他是个非常有远见的人,他也善于培养员工的高瞻远瞩的视野。他时常告诫员工很多企业都是失败在发展很好的时候,因为他们没有预知到未来的风险,盲目进行扩张。因此要有远见,有危机意识,要对未来进行预设,想象一下5年后这个行业的前景和市场怎样,要提前做好应对未来的准备。

作为福建人,他骨子里有爱拼才会赢的精神。他认为创业是一种生活方式。创业要有创劲,要勇做第一人,要抢占市场先机。创业也是一种煎熬,需要承受很多的压力,责任也大,要对团队负责,有良好的心理素质,在困难面前一定要坚持,因此创业不适合所有的人。技术只是企业中一小块,企业非常深奥,需要不断学习。在企业中有人适合做领导,有人适合做事,要有角色定位,不能人人都是领导,因此团队的管理尤为重要。

五、展望新能源,前景无限好

对于光伏发电的前景,黄总非常乐观。他认为光伏发电的市场前景一片大好,通过政府补贴市场已经做大了,加之光伏发电企业大规模重复生产的规模化效应,未来光伏成本会大幅下降,他预计在未来的3—4年其发电成本与煤电发电齐平,煤电尽管看似成本低,但最关键的后期环境治理成本很高。他预计2020年后政府补贴可能会取消,即使没有补贴,那时已经进入完全市场化运作,光伏发电市场可能会达到一个爆炸点。此外,能源结构的多元化特点,决定了光伏能源肯定会长期存在。到那时居民都会自己出钱在屋顶建光伏发电站,再过10年,他估计农村的屋顶可能也会是光伏发电站,因此光伏发电未来一片光明,对此他信心十足。

黄总现在主要思考自己的公司怎么做更合理,如何让企业更长久地生存下去。过去几年他投资光伏电站,已经为企业提供了稳定的现金流。他现在考虑引入更多人才,对新产品进行尝试,比如储能。随着投资的增加,为未来的5年市场做好准备。他认为储能和光能市场有着类似的地方,技术不需要有很大的突破,随着投资的增加,成本以每年20%的速率下降的话,未来5年储能市场会更好,当然储能还是只能从企业做起。他认为未来新能源,未来的中国肯定超过美国。他对前途信心满满,只要按照行业标准,提供客户满意的产品和服务,不断提升公司的管理和运营水平,岩芯定会成长为光伏发电系统的领军人,黄总对此深信不疑。

附录:2016年光伏发电重点政策

1.《关于建立可再生能源开发利用目标引导制度的指导意见》

发文单位:国家能源局

文　　号:国能新能〔2016〕54号

发文时间:2016年2月29日

主要内容:根据各地区可再生能源资源状况和能源消费水平,依据全国可再生能源开发利用中长期总量目标,制定各省(区、市)能源消费总量中的可再生能源比重目标和全社会用电量中的非水电可再生能源电量比重指标,并予公布。鼓励各省(区、市)能源主管部门制定本地区更高的可再生能源利用目标。

2.《可再生能源发电全额保障性收购管理办法》

发文单位：国家发展改革委

文　　号：发改能源〔2016〕625号

发文时间：2016年3月24日

主要内容：电网企业(含电力调度机构)根据国家确定的上网标杆电价和保障性收购利用小时数，全额收购规划范围内的可再生能源发电项目的上网电量。

可再生能源并网发电项目年发电量分为保障性收购电量部分和市场交易电量部分。其中，保障性收购电量部分通过优先安排年度发电计划、与电网公司签订优先发电合同(实物合同或差价合同)保障全额按标杆上网电价收购；市场交易电量部分由可再生能源发电企业通过参与市场竞争方式获得发电合同，电网企业按照优先调度原则执行发电合同。

国务院能源主管部门会同经济运行主管部门对可再生能源发电受限地区，核定各类可再生能源并网发电项目保障性收购年利用小时数并予以公布。地方有关主管部门负责在具体工作中落实该小时数，可再生能源并网发电项目根据该小时数和装机容量确定保障性收购年上网电量。

非可再生能源发电挤占消纳空间和输电通道导致的可再生能源并网发电项目限发电量，由相应机组按影响大小承担对可再生能源并网发电项目的补偿费用。

资料来源：中国储能网，http://www.escn.com.cn/news/show-321130.html

案例使用指导

一、案例摘要

本案例描述了一位创业者在二次创业中如何在新能源领域脱颖而出，

成功运营一家新能源公司创业历程,引导学生分析并思考二次创业成功的要素以及如何开拓高科技公司的运营模式和管理模式。创业者结合自己的专业方向和合创者的研究背景并充分考虑到了人们日益对环境保护的需求,高瞻远瞩地选取了光伏发电作为自己的创业领域,从小型居民楼安装光伏发电站入手,不断开拓业务,继而将业务集中在企业,到后来建立起适合公司发展的新型运营模式:合同能源模式,有效地解决了公司在发展中的资金瓶颈,最后发展为公司自己投电站,运营管理电站的商业模式。为了应对市场的压力和激烈的竞争,公司的产品也不断升级改造,从最早出售光伏设备元件,到后来出售全套的光伏系统(产品生产、安装以及后期运维),以及给企业提供综合能源服务,这样有效地解决了企业的后续发展危机。案例教学中要调动学生已有的知识体系认识如何发现创业机会、瞄准创业行业、解决公司运营管理等问题,帮助学生认识到创业只是开始,如何做到探索适合行业和公司运营和管理模式至为重要。

二、教学目的与用途

1. 本案例适用"创业管理"课程,用于分析创业机会、创业行业(高科技)的分析,以及如何实现二次创业的成功。也可以对创业者身上的特质/特点进行剖析。

2. 本案例教学对象:工商管理本科生。

3. 本案例教学手段:分组讨论。

4. 本案例的教学目的:理解高新产业创业的优势和挑战,如何建构相应的运营模式和管理模式以及如何取得创业成功?

(1)分析理解黄建明创业的机会分析和行业选择(精准定位)。

(2)分析二次创业的动力和成功的因素。

(3)学习并了解高科技/新能源行业的特征以及创业中可能遇到的困难和应对策略。

三、启发思考题

1. 案例中的创业者为何能敏锐、精准地将创业领域聚焦在新能源？结合他的专业背景和个人特质分析创始人为何创业以及为何创业能成功。

2. 本案例中的创业者在创业中面临过什么困难又是如何克服这些困难的？

3. 新能源创业领域如何在类似行业中获取所需资源？新能源领域创业者如何准确把握政府政策风向，并对行业产品和经营模式进行及时调整？

案例八

"盒马鲜生"：生鲜电商新零售

2017年7月14日17:30，下班时间到了。准备从公司赶回家的王女士拿出手机，熟练地打开"盒马"APP，买了澳大利亚进口的牛排、日日鲜的崇明小青菜和日式寿司，并在送货时间的页面上预定半小时送货上门。半小时后，王女士刚刚到家，"盒马鲜生"的送货员正好送货上门，一顿丰盛的晚餐就可以开始准备了。王女士是"盒马鲜生"的忠实客户，自从用了"盒马鲜生"，她再也不需要操心工作日没时间去菜市场购买食材了。就在同一天的中午，阿里巴巴集团董事局主席马云与CEO张勇同时抵达"盒马鲜生"上海金桥店，来到餐饮区，点了这里的招牌大龙虾，与店里的顾客和工作人员拍照留影。之前业内盛传，作为支付宝会员店的"盒马鲜生"的投资方是阿里巴巴，投资金额为1.5亿美元，但是阿里巴巴方面从未正面回应此事。而本次马云的亮相"盒马鲜生"上海分店正式表明了"盒马鲜生"属于阿里系。

"盒马鲜生"自问世即获瞩目。生鲜电商并不是零售业的"蓝海"，甚至可称为厮杀的"红海"，竞争激烈，盈利低。不同于传统生鲜电商推崇轻模式，避开重资产的实体模式，盒马CEO侯毅反其道而行，盒马采用庞大亲社区型实体店加互联网APP式购买，正如它的吉祥物——河马，体型庞大却温和可亲。这只"河马"成长速度惊人。在一片唱衰的生鲜业里，逆势增长，布局激进。第一家"盒马鲜生"，即上海金桥店诞生于2016年1月，目前已铺面式发展为上海15家、北京4家，定点式辐射二三线城市：深圳1家、苏州1家、宁波2家、杭州1家、贵阳2家（数据来源：2017年12月10日，"盒马鲜生"APP），发展速度不容小觑。

案例八
"盒马鲜生"：生鲜电商新零售

一、生鲜电商风起云涌

回顾我国生鲜电商的发展史，可谓风起云涌。我国最早的生鲜品类电商——"易果生鲜"，成立于 2005 年，此后各种类型的生鲜电商纷纷涌现，目前生鲜电商可分为超市电商、综合平台、自营垂直电商、O2O 和 B2B 五大类，但由于商业模式、消费者体验等多方面的局限，生鲜电商盈利和市场占有率始终处于极低的水平。尽管市场大，顾客需求高，但截至 2016 年，仅 1%的生鲜电商盈利，"美味七七""果食帮""壹桌网"相继倒闭。从 2012 至 2017 年的发展趋势可以看出，尽管总体竞争激烈，市场规模却增长迅速。

生鲜电商的经营痛点在于生鲜商品的特点和需求特性。生鲜商品本身标准和品牌化程度低，生鲜产品质量不稳定和易损耗以及生鲜产品流通成本高都是生鲜电商经营过程不可避免的难点。而生鲜商品尽管市场容量大和刚需特性强，顾客具有少量多次和需求多样化特点，并且对优惠券敏感度高，因此如何保持顾客的购买黏性是关键。

"盒马鲜生"诞生之前的生鲜电商面临着重重困难，"盒马鲜生"则将传统生鲜电商面临的困难转换成机遇。"盒马鲜生"的销售模式以其 APP 为载体，支付宝为唯一支付模式，APP 下载增长速度和活跃客户规模惊人。目前，"盒马鲜生"营业时间超过半年的门店已经基本实现盈利。

二、盒马模式引领风潮

传统电商的生鲜产品只能提供线上图片，视觉感触弱，实物和图片的差距很容易降低用户体验。"盒马鲜生"颠覆传统电商的轻模式，设立实体门店，以实体店做网络销售的仓库。线上虚拟货架，生鲜产品标准和品牌化，增强客人的信任感。

"盒马"模式的核心采用 OAO 线上加线下的运营模式。

Online："盒马鲜生"线上店采用"盒马"APP。顾客在 APP 上下单购买，快递员根据客户要求送货上门。

Offline："盒马鲜生"线下店有水果、休闲食品、酒类、蔬菜、冷冻品；有生鲜档口，现场为顾客提供烹饪；还有西式熟食区、半成品区，顾客可以直接在"盒马鲜生"门店就餐区就餐。

三、精准选址，场景定位

"盒马鲜生"根据顾客大数据，精确选址是其盈利的根本。从"盒马鲜生"来讲，80%的消费者是80后、90后。他们是互联网的第一代使用者，讲究生活品质，这批消费者更关注食物质量，非常重视时间可控性，对价格的敏感度不高。"盒马鲜生"的口号——"有盒马，购新鲜"正是面向年轻白领顾客群。以上海"盒马鲜生"金桥店为例子，所在位置为金桥国际底楼，金桥国际是周边五公里社区唯一的大型购物餐饮中心，处于品质商品楼中央。金桥社区人口密度大，年轻家庭居多，多为上班族，收入较高，对生鲜产品的品质需求高，周边尚无大型菜市场和大型超市，精准选址让金桥店成功打响了"盒马鲜生"第一炮。

传统生鲜电商用户复购率很低，以红包和优惠券吸引流量并不能保证顾客购买的持续性。"盒马鲜生"用户群以25岁以上女性用户占比较高，三口之家的忠诚度也比较高，他们都是住在门店周边的用户，这些人群是"盒马鲜生"电商的高黏度用户群。"盒马鲜生"充分利用了网络社交，建立粉丝微信群进行粉丝互动营销，管理员在群里随时回答客户售后问题，每天定时发布"盒马鲜生"优惠商品种类、优惠券和各种社区活动，每周末或者节日为年轻家庭组织社区亲子活动，利用微信群针对不同的顾客群组织各种主题的客户活动群（如瘦身、儿童心理讲座、跑步打卡）。生鲜产品无理由退货提高客户服务满意度。这一系列的活动提高了客户对"盒马鲜生"的认同感，增强了"盒马鲜生"客户的购买黏度。

"盒马鲜生"是基于生鲜定位的，围绕食物来构建商品品类。因此"盒马鲜生"专注于吃，以"盒马鲜生"大厨为品牌做了大量的食物半成品、成品以及方便速食食品，满足目标消费者需求。顾客可以在实体店现买现做，增强了店内购物体验服务。另外,"盒马鲜生"根据消费者反馈不断调整食物需求,以互联网的创新心态做店内餐饮,不断推出新产品。与传统超市相比,"盒马鲜生"产品推陈出新更替性速度明显加快。

"盒马鲜生"的精确选址确保了其可以针对上海年轻白领提供精准服务,有信心承诺在 3 公里范围内 30 分钟送达。"盒马鲜生"30 分钟送货到家,刷新全球商业配送的极限速度:拣货必须 3 分钟内完成,流转也必须 3 分钟内完成,后仓包装还是 3 分钟。此外,"盒马鲜生"采用了电子标签和运货技术保证了运货速度。"盒马鲜生"采用生产基地采购,确保价格优势;确保每日提供的蔬菜和肉类是当天生产和销售的,确保高品质;预售模式的海外项目减少了高成本生鲜产品的耗损。

"盒马鲜生"背靠阿里,作为支付宝会员店,"盒马"APP 与淘宝生鲜达成无缝合作,即使双 11、双 12 活动,大量客户涌入,大数据也可以保证客户流量入口的通畅性。线下店电子便签体系的全部应用保证了价格变动的即时性和拣货速度。

"盒马鲜生"的选址和商品结构实现了对顾客的精准定位,从而通过粉丝互动建立的运营功能、物流功能、餐饮功能,通过大数据达到了经营顾客的目的,提高了运营效率,顺应消费升级,提高了消费者的生活品质,增强了顾客的重复购买力和忠诚度,颠覆传统的零售模式和生鲜电商模式。

四、模仿者的挑战

尽管"盒马鲜生"属于阿里巴巴旗下,所谓背靠大树好乘凉,但在本质上它是一个创业型企业。"盒马鲜生"的成功引来了一批跟风者,并且面临着来自永辉超市和"京东生鲜"相似模式的竞争。"盒马鲜生"只能用支付宝支付的模式也受到了一些社会和行业的争议,有些店面不得不做出妥协,开始部分现金收款。产品品质、售后服务和 30 分钟到达是"盒马鲜生"的核心优势;在同行业竞争和顾客量爆发式增长下,如何能够继续保持自身核心优势对于持续运营成功是关键的。"盒马鲜生"开张初始阶段,下单之后 30 分钟送到，目前在顾客购买量大幅度增加的情况下，很多店面已经无法做到30分钟到达，只能做到1小时后送到（2017年12月11日11:00，笔者亲身体验"盒马"APP金桥店送货），而周末高峰阶段等待的时间只能更长。如果优势持续丧失，很多消费者也许会在新鲜体验期过后，放弃"盒马鲜生"，这都是管理层需要关注的问题。

参考文献：

[1] 阿里新零售试验："盒马鲜生"开店13家已实现规模盈利[EB/OL]. https://baike.baidu.com/redirect/4b41CrKwOXIIADfyKXzuNQptA4ERf8u B－35w－DR_XVcUzpweXULF1SLaVLTgQWCnnPFXPWn97ow7msQ92Pmtvl GCQlttYSFcQan0cVGg2ZIePZxili1VdgPLXg

[2] 从"盒马鲜生"看"新零售"体验[EB/OL]. http://www.woshipm.com/it/834052.html

[3] 日均人流量过万！看"盒马鲜生"是如何颠覆传统的？[EB/OL]. http://fj.winshang.com/news-575160.html

[4] 生鲜电商市场庞大却无一家盈利[EB/OL]. http://finance.sina.com.cn/chanjing/cyxw/20140602/080119291090.shtml

[5] 倒闭与融资并行 生鲜电商进入巨头角逐模式[EB/OL]. http://tech.china.com.cn/internet/20160415/226295.shtml

[6] "盒马鲜生"CEO侯毅：我们的新零售到底想做成什么样的模式[EB/OL]. http://news.winshang.com/html/062/7678.html

[7] "盒马"模式的核心是什么？创始人侯毅是这样说的[EB/OL]. https://www.huxiu.com/article/183807.html

[8] 2017年生鲜电商APP洞察报告[EB/OL]. http://cj.sina.com.cn/article/detail/6044229343/508992

[9] 阿里云网站云栖社区[EB/OL]. http://yq.aliyun.com

案例八
"盒马鲜生"：生鲜电商新零售

案例使用指导

一、案例摘要

"盒马鲜生"开创生鲜电商新零售案例属于背靠大企业二次创业的典型代表。在"盒马鲜生"创始人兼 CEO 侯毅的带领下，"盒马鲜生"线上结合线下的零售模式打破了传统电商的羁绊，以"门店+餐饮+社区电商+极速配送"为特色，从创立以来在近两年的时间里取得了快速发展。作为背靠电商巨头阿里巴巴的创业型生鲜零售企业，侯毅认为新零售的核心本质是给消费者提供真正有意义的商品和服务，"盒马鲜生"重新定义了生鲜零售业，依靠阿里巴巴的电商基础，强大的物流体系和大数据优势不断推出针对目标顾客群的新项目，如日日鲜和海外达，把供应链从生产端直接接入末端顾客配送。通过对本案例的学习，学生能够清楚地了解背靠大公司二次创业项目的发展历程，以及创业过程中如何把新项目和母公司的优势结合起来，用互联网思维发现新机遇，及时更新项目，并激发学生用互联网思维思考行业问题，增强学生对顾客定位和互联网营销的认知和理解。鉴于"盒马鲜生"作为一种新零售业态进展迅速，笔者将持续跟踪该项目和类似项目的后续发展，并对案例进行及时更新。

二、教学目的与用途

1. 本案例适用于"创业管理""新媒体营销""营销学"等课程。其中"创业管理"课程适用于讲授二次创业企业的管理与发展，"新媒体营销"课程适用于讲授移动互联网的商业模式与实践管理，"营销学"课程适用于讲授零售业的重新定义。

2. 本案例的教学对象：工商管理本科生，管理类研究生以及 MBA。

3. 本案例的教学手段：分析研讨。

4. 本案例的教学目的：了解新零售创业项目的创新性以及大企业二次创业如何在创业中利用母公司优势。

三、启发思考题

1. 创业动机很大程度上要考虑所在行业的优劣势、赢利点以及战胜行业的元老，生鲜电商作为一个市场潜力巨大但是目前盈利匮乏的行业，讨论"盒马鲜生"在此情况下如何把传统生鲜电商的痛点转换成本身的优势。

2. "盒马鲜生"的商业模式是什么？在零售行业设计产品项目时应考虑哪些因素？

3. 零售业直面消费者，"盒马鲜生"如何确立目标消费群定位与增强目标顾客的购买黏性。

4. 一种新模式的成功必然会带来模仿者，"盒马鲜生"如何在市场规模加速增加的情况下继续保持本身优势？总结一个优秀的创业公司所具备的特质。

第三部分 创业团队

案例九

走出黑暗期：核心团队形成的魔鬼过程

她，出身于书香门第
从小学习国画，是 80 后新锐艺术家
包揽过多个大奖

她，本科毕业进入外企
一路顺风顺水升到副总裁
却跑到清华美院攻读硕士

她，理工背景
钟情于机器人
苦苦钻研"无线供电"技术

她，卸掉头顶的光环
放弃轻松安逸的生活
化身"7 天 24 小时"的工作狂人
从"零"开始艰苦创业

她就是乐天智能的 CEO——曾鸣

乐天智能科技（上海）有限公司创始于 2015 年 5 月，创始人曾鸣和她的团队目前正致力于无限供电技术应用产品的研发和改良，已经推出的产品有无线手机套与无线充电宝以及无线供电音箱，处在研发阶段的还有无线车载空气净化器、床头充电等等。其设计产品的基本原理是利用电磁感应通过相对更安全的磁振方式进行电能传输。今后,他们希望能以不断研发新产品的方式进一步扩大无线供电技术的应用场景。

"我是一个有些天真的理想主义者,可能是因为小时候在医院目睹太多悲欢离合,在我还不知道一个人是如何诞生到世界上时,我已经知道了一个人是怎样离开这个世界的。"曾鸣的母亲是 ICU 病房的主任,也是药剂师,曾鸣在本该天真烂漫的年纪,就早早见识到了种种生离死别的场景。"病房里形形色色的人,有钱也好没钱也罢,终归都要化归黄土,这让我开始思考人生的意义。我想活着就已经是成功的了,当然最好还能利用生命中短暂的黄金时间去做点什么。"

"母亲是一个特别负责任的医生,把最差的一面给了家人、最好的一面给了病人。非典的时候她上了前线,很多人被感染后即便治好了也难免有严重的后遗症。我知道危险,天天在家里担心她,还好运气不错,她安全回来了。因为觉得妈妈是一个很伟大的人,我应该要和她一样,我要做得比她好,我也要去做医生。"但是,后来曾鸣改变了想法,"因为医生能救的人是有限的。"

母亲是医务工作者,父亲是军人,特殊的工作性质让双亲无暇陪伴小曾鸣,于是直到她 18 岁来到上海上大学,多数时间都是由外公外婆照顾她的饮食起居。曾鸣的外公是老一辈的大学生,毕业后回到家乡,担任过文化馆馆长和电影院放映长的职务。外公对书画颇有造诣,平日里,祖孙二人常常相对而坐,静静地看书、练字、画国画。外婆是幼儿园的园长,从小对曾鸣的一言一行都要求严格。曾鸣笑称,小时候外婆从老师口中得知她洗手时没有排队,回家就是一顿打,而每当外婆开启教育模式,她就会躲到乐呵呵的外公身后寻求庇护。就是在这样浓厚的书香氛围之中,曾鸣度过了少年时代。

父亲身上的刚毅也没少影响曾鸣,所以,在家里长辈并不溺爱她,但是曾鸣在同伴中却很有威信。喜欢听妈妈话的曾鸣,也得到了老师的喜爱,小

| 案例九 |
走出黑暗期：核心团队形成的魔鬼过程

时候一直是班长,小朋友都爱听她的。至于为什么,曾鸣回答得非常直接:"我是对的,为什么不听我的"?!

一、创业的种子,一不小心就发芽了

2013年,曾鸣供职的FMC科技公司被JBT收购。也正是在这个时间节点,她的外公突然离世。虽然从小在医院目睹过太多生老病死,但当这一切真正发生在自己最亲近的人身上,依然让人难以接受,于是曾鸣决定休息一段时间,重返校园找寻自己内心的追求,她选择的学校正是外公的母校——清华大学。

本科是理工专业的曾鸣,2014年在清华美院攻读硕士学位期间参加了理工学院的机器人兴趣小组。她发现机器人机械构造的设计实验常常会因机器人蓄电不足而被迫中止。抱着试一试的心态,课余时间,曾鸣开始关注电子产品的供电模式,而此时清华大学对无线供电技术的理论研究已非常成熟。同年,曾鸣和她的伙伴在清华大学电子工程学院研究院进行的2.4米无线供电实验获得成功。于是,掌握了无线充电技术后,曾鸣潜心调研一年。此时万众创业的浪潮来袭,加上研究期间老师和师兄们的支持和鼓励,曾鸣开始了她的创业之旅。

现在看来这是个多么合情合理的故事啊,可是回想起2013年的时候,曾鸣竟然有一个神预言的"白板规划"。在曾鸣的阁楼上,有一个被遗忘了许久的白板,白板上至今还能清晰地看到当年曾鸣写的"创业规划"。曾鸣说:"我当时也不知道为什么,就觉得这个会是记录自己永恒瞬间的东西,于是就在小白板上写了自己的'创业规划',包括创建的公司的名称、战略、几年内会盈利等等,想得还特别细致。"现今创业初见成果的曾鸣再来看当年自己的规划,真的是百感交集,没想到自己最终真的走上了当时莫名规划的道路,或许自己的心里早就种下了创业这颗种子。

经过反复实验,她的团队研发出的产品,不仅具备结合多种高科技功能的技术优势,而且外形非常时尚美观。例如魔盒MoBox,一款结合磁悬浮技术与蓝牙音箱的智能产品,当点亮音响上的灯泡,木质音箱壁就会变成显示屏,可以显示时间、日期、室温。而只需把手机放在音箱顶部,就可以实现给手机无线充电、播放音乐、外放接听电话等一系列炫酷功能。同时,悬浮在音箱上的灯泡优雅而神秘,足以满足这个看"脸"社会的全部要求。

再比如,她的团队还推出了多种型号的手机无线充电贴片,采用纯铜线圈和内置线路及磁片制作成的超薄贴片,可通过无线感应技术,配合发射器轻松实现给手机近距离的无线充电。相较于市面上普通的无线充电贴片,曾鸣团队研发的贴片,从接口到磁片全部采用高质量材料制作而成。同时,贴片背面绘制了原创的中国风元素图案,集美观实用于一体。

谈到未来的产品研发,曾鸣说公司将朝着"更远的距离、更大的功率、更稳定的性能和更迷你化的设计"努力。

二、团队初养成

虽说公司现在已经基本稳定,回想起一路走过来的艰辛,曾鸣仍然心有余悸。在一流公司工作了 7 年的曾鸣对团队有着自己独特的见解。"我从来不相信一个人孤军奋战可以取得多大的成就,我从创业从始至今都是需要团队的。"曾鸣认为光有不断完善的产品远远不够,艰苦的创业之路离不开团队成员之间的密切合作。

第一个合作伙伴:李超然

即将从清华大学毕业的时候,在孵化园区朱老师的支持下,曾鸣开始了创业之路,而读书时的学弟李超然很自然地成了的创始合伙人。虽然曾鸣的年纪比较大,但是李超然的创业经验却拥有丰富的创业经验。从大学开始创业,李超然有过两次失败经历,第三次创业算是成功了,通过智能插座项目获得了 30 万元投资和 80 万元左右的利润,偏偏遇到了合伙人卷款跑路。拥有丰富创业经验的李超然给曾鸣提了一些建议和看法,很显然,早年被创业伤害了的李超然积极性并不高,他说的一些话曾鸣当时并不明白,尽管这些话之后被印证是"良药"。

案例九

走出黑暗期：核心团队形成的魔鬼过程

第二个合伙人：胡小丽

胡小丽是曾鸣的室友，是好朋友也是合作伙伴，从头到尾没有离开过曾鸣，即便是在企业最低谷的时候。在曾鸣看来，有两个原因导致双方合作愉快："首先，相互信任的朋友关系自然很好；其次，她从来不多过问企业做的事情，反正你说什么就是什么。"这种简单的财务投资关系，小丽既不会被公司具体的问题困扰，也不会被公司的蓝图诱惑。

对于当年看起来的黄金团队，曾鸣现在却形容为"歪瓜裂枣"，并非是人不行，而是心不齐，态度不够到位。"搭了一个团队就开始创业了，一开始的时候并没有想过会做到今天的这样。那个时候就是过家家，就像虽然是结婚吧，但是想想并没有到了正式举办婚宴的时候，就是谈恋爱的状态，这个时候就是大家领个证。现在就开始进入'婚姻期'了。"

此后的 10 个月里，乐天智能科技从最初的 3 个人不断壮大到现在 10 多个人的队伍，员工宿舍里不断有人加入、离开。而李超然的离开让曾鸣感慨良久，"不是能力不行，而是方向不匹配。离开了也挺好，不然他难受，我也难受，人在心不在，投入不够"，"去了一个几亿元的农业投资基金做副总，我们做的是信息科技，搞到后面他还是跑去干他的本专业了，他真的是深深地爱他的行业，我们的愿景很显然不一致"。不过，"我们现在还是很好的朋友，反而比原来能更好地探讨一些东西了"。

如果说李超然的离开让曾鸣黯然，那么只身前往深圳 26 天解决技术问题，回来以后的团队"全员更新"则让她几乎崩溃。

因为上了一个叫《创客星球》的电视节目，收视率非常高，曾鸣的产品众筹非常成功，谁曾想到问题就潜伏在这个叫座的新产品里——这是一个高制造难度的产品。样品出来以后，团队就天真地认为量产也一样没有问题，因为团队有过不少非标准化产品采购和控制的经验。然而，这次真的不一样，首先是微电子供应商渠道不足，经过朋友介绍找到了合作伙伴，几经磨合之后磨具出了问题。这个时候，团队才意识到是结构设计出了问题，而一般的小公司根本不会单独养一个结构设计师做新产品开发。不要说小公司,连富士康也做不出来。本科是 IT 专业、硕士是当代艺术工业设计专业的曾鸣发现,她也不是工业设计方面的行家。

为了解决问题,曾鸣只身前往深圳,住在工厂 26 天,当时就一个想法,产品不好就不回来了,死也要死在那里。"工厂生产不出来,我自己去做,几乎都是手版。工厂效益不好,老板拖欠工资,员工都说不干了,我给员工发了 2 万多块。"跑了 30 多个工厂,化工问题、起泡、电池问题、冷却问题,降噪问题,能不能解决最后都被解决了,在这 26 天里,曾鸣经历了这个新品制造供应链所有的环节,亏损在所难免,压力一直都很大,但是好歹已经解决了问题。

"现在,我在深圳的工厂界非常知名,走在深圳大街上还有人认识我。因为我上过电视节目,所以尽管产品确实难度大,但是很多厂还都参与配合我,大家还是坚持把这件事完成了。当然了,我付钱了。其实他们也没有赚到什么钱,也没有亏本,按照我们小批量来说,是很不赚钱的,最赚钱的是 10 万套、20 万套,但是一开始也是测试过程,我光喷涂厂就找了 7 个,塑料刚出来的时候是一个生硬的东西,要在上面喷漆才会漂亮。找 7 个的原因是因为前面 6 个都不行。"

解决这些问题还算跟专业搭边,还有更多的问题是自己也没想到能解决的,创业就是这样,"刚开始,我发现自己跑去做技术了。我不只做技术,当然我带过技术,我还得带财务部。财务一开始也不大懂,刚开始创业的头一年多,我都不知道财务是什么,做得一塌糊涂。到第二年的时候,我开始重视这个事情了,我开始学习怎么搞财务,然后又开始是学习怎么整理法务"。

然而,26 天后曾鸣回到上海,却发现团队几乎全线崩溃。"也是,20 多天看不到老板,天天有人打电话催货,拖欠的工资也是在大学生创业基金会的资助资金到位后才发给了大家,团队崩溃了,等于从零开始。""是我做得不够好,没能留住他们,第一次讨厌我自己。大公司可以养得起高素质的人,这群人也能迅速搞定公司希望他们做的事情。但是创业的时候就不一

| 案例九 |
走出黑暗期：核心团队形成的魔鬼过程

样,能力强的人你只能靠情怀去吸引,但是他不见得会跟着你长远发展。"

经过这件事情,曾鸣深深地意识到：市场来了之后,事情办好后大家都认可,但是生产不出来,市场跑得太快就成了一个陷阱。

三、冲破黑暗

全部交互完毕,清算确定亏损59万元。一帮人忙得累死累活还亏损59万元,那要多心疼啊,好在曾鸣原本的收入比较高,创业前的年薪差不多六七十万元,感觉还行,哪怕再亏一次好像也能接受。曾鸣回想："我在刚工作的时候,我那时候经手的金额是非常大的,最后一年做5亿多元的时候,你对钱的感觉就是,对于我这有的来说,有工资,有生活费就可以,其他的钱是用来做生意的,但不是每一笔生意都是赚钱的。亏了就亏了,更何况,前面还是挣了三四十万元。"

如果说亏钱没有打败曾鸣,第一次感受到被打败,则是团队崩溃了。不是一个两个人离开,而是全线崩溃。屋漏偏逢连夜雨,一个已经说好要加入的合作伙伴兼好友突发意外,曾鸣几乎就要被彻底打败了。

精神状态极度低迷的曾鸣住进了寺庙,那段时间像是世外桃源,每天寺庙的钟声都像是心灵的安抚剂,生活变得只有吃饭睡觉这么简单。享受了两周的宁静,想了很多,突然一回神,曾鸣问了自己一个问题："这是我想要的生活吗?"两周后的曾鸣满血复活,从此以后,除了工作也只有工作。

"收拾自己沮丧的心情,重新开始往前到今天,我们做了很多项目,拿了很多科创项目,前后拿了29个奖金。6个月的时间拿了29个奖金,平均1个月拿4个奖金。我那时是疯狂地工作,你都没有想过我这辈子没有这么拼过。我体重是从那个时候开始掉的。我反思我这6个月的时间我真是不要命,疯了一样,可能是因为这样可以让我不那么痛苦,或者说不那么做的话我会觉得确实要挂,然后我去做了。"

痛定思痛,曾鸣反而觉得这次团队大崩盘其实是利大于弊：

第一,脚踏实地地思考公司的未来,虚心听前辈的故事,汲取各方面的经验。"所有成功的故事都是说给别人听的,当时只有自己能体会到。如果听到报道一家上市公司,他现在一定风光无比,但他到底经历了什么,他是绝对不会告诉你的,你永远不会听到,当你听到实际情况的时候,你要给自己敲一个警钟,你的清楚的是要有规划意识,对你的以后更加明确。"

第二,团队的搭建要有耐心,做事要依势而行。"新能源汽车的潜力大,难度也大,资金需要量高。看好这个领域,不能放弃,但是人生中有很多退路,创业也一样,遇到困难了,可以先停一停,可以先做一些小而轻。正如曾国藩家书里说的,艰难的时候先活命,生存下来了,找准一切机会再往前推进。"

第三,第一批团队崩溃,处理得当反而有利于长期发展。"早期愿景不一致的团队换掉也有好处,公司实力强了,自然有些人跟不上。但是,在新的团队建立的时候,必须传递良性企业的意志。比如,原来人少的时候简单管理,现在重新组建团队可以更加规范一些。新的团队里,有更多能力强的人。"

经过团队崩溃大洗礼,曾鸣比以前更有信心了,"团队可以再找,钱可以再融,项目可以再做,创始人倒了就彻底没了。最后决定创业成功的最关键因素在于创始人,创始人是否坚定,能否为了理想坚持往前走,团队来来回回,我也经历了很多。其实没有任何人能被打败,哪怕是破产,最终打败创业企业的是创始人本身,哪怕是负债累累,只要创始人坚持,基本都能成功。最开始的团队基本上都不在了,然后已经换了新的一批,战斗力更强了"。

四、云淡风轻

事情慢慢变顺之后,曾鸣内心仍然有不少困惑,咨询过企业高管,也跟哲学老师聊过同样一个问题:"什么样的企业才是最好的企业?"兼具哲学思想和管理理念的朱老师告诉曾鸣:"像花儿一样绽放的企业才是最良好的企业,比如说有一天他不绽放了,那他就枯萎了。""有很多人的经历可以成为永恒,比如说医生、老师、艺术家。但是企业不一样,你有见过哪家企业永生

案例九
走出黑暗期：核心团队形成的魔鬼过程

永世的？没有。但是正因为有了企业，才会有这样的永恒的职业。"曾鸣认为很有道理，"给别人打工，我还是一个很天真的一个人，有保险保障，完全处在一个无压的工作状态。原来我觉得自己很厉害，因为做高管的时候感觉自己可以呼风唤雨。我花了两年的时间来推翻了这个认知，明白了很多东西。我开始理解了那些创业前辈们，比如说我可以理解李超然跟我说的那些话，也能理解和接受他的悲观主义态度"。

关于成功，曾鸣是这样认为的，"小时候，可能考到 100 分你是成功的，考 60 分就是不成功。但现在我认为能把创业的想法付诸实际，我就已经成功了"。每个人都有不同的衡量标准，比起别人高期望值的评价，她更享受自己踏踏实实做事情的过程。

此时的曾鸣更能理解创业前辈们曾经的淡淡忧伤。无所谓，云淡风轻了。

案例使用指导

一、案例摘要

本案例描述了创业者曾鸣投入创业大潮中的过程，其团队的不断搭建、重组、崩盘到再搭建的过程引导着我们思考创业团队搭建的内在逻辑。经历了从外企的副总裁到清华大学美术学院的硕士生再到创业者这三个身份的曾鸣，在"团队建设"这一主题上有太多的感慨，无论是成功地吸纳优秀的员工，还是因团队成员的选取、团队结构的设计、团队的激励等因素导致的人员的流失的案例都极具典型性。案例教学中既要激发学生利用所学的知识充分认识和理解在真实的商业情境下团队构建的挑战，同时也要帮助学生理解如何在困难的条件下获取资源、积累经验以应对挑战，为今后的就业或创业积累经验。

二、教学目的与用途

1. 本案例适用于"创业管理""人力资源管理"等课程,其中"创业管理"适用于创业中的人力资源获取。"人力资源管理"课程适用于公司中的团队建设。

2. 本案例的教学对象:工商管理本科生。

3. 本案例的教学手段:分组分析研讨。

4. 本案例的教学目的:

(1)理解曾鸣在创业过程中搭建团队时面临的困境和应对方式。

(2)掌握初创企业在不同阶段团队搭建的关键点。

(3)研讨并分析团队成员流失对企业的优劣势。

三、启发思考题

1. 为什么1—2年间团队会洗牌?

2. 团队洗牌的过程中,团队发起创始人如何才能坚持下来?

3. 团队成员的股份如何界定?创业者的子公司之间架构和协同机制?

4. 简述团队的淬炼和养成(包括创业者和发起创始人)。

案例十

跨代际狼性团队的打造

品彦文化,一家高校就业创业服务培训机构,一个为企业招聘难、求职者就业难问题提供一站式解决方案的人才服务平台。

品彦文化成立于 2014 年 8 月。3 年来,从上海锦致企业管理咨询有限公司到上海品彦文化发展有限公司,创始人王程坚持初心不改,一直关注着大学生就业公益服务。

如今,品彦文化成功打造"微聘"线上品牌,抓住职业人才原始大数据,提供精准匹配的岗位培训课程,反馈企业及人才的征信系统报告。

同时,他们完善了"艺品堂"系列线下产品,通过公益巡讲、高效静训营、培育机构等,帮助当代大学生解决困惑、激发热情、获得资源,实现自我认知,提升自我价值。

他们致力于打造一个中国高校各阶段学生职业技能任务信息发布平台,他们为社会整合中国企业精准技能人才及资源渠道。为大学生提供就业、创业系列课程培育服务和实习、就业渠道支持两大服务;为企业提供独具匠心的品牌推广、培养输送人才、精准的人才数据分析。

品彦文化的渐渐发展和一步步的蜕变,都离不开他的创始人——王程。

初想起来,倔强的人加上一颗不安分的心,大体都会与一般的人际关系出现在一起,更何况,早期创业企业留人难也是一个常态。然而,虽然冲突不断,王程所带领的品彦文化却少有人主动离开,让人费思量这背后的原因究竟是什么?

一、不安分的创业之心

"在我的词典里没有'失败'这两个字。有一件事,只有你想不想做、肯不肯做。只要你肯做、敢想、敢做。"

这就是王程，一个敢想敢做的实践梦想家。王程毕业于人力资源专业，又先后两次从人力资源的岗位走向了创业之路。

2010年，出于好奇，出于小小的冲动，王程集结了3个人的团队一起开了一家拓展培训公司。"第一次创业的时候凭着一股冲动，觉得创业很好玩。觉得能赚很多钱，比打工赚得多。得益于工作时候的积累和强大的客户开发能力，创业初期的王程迅速积累了大量的客户，包括阿里、腾讯和不少高校，公司头3个月就赚了100万元。"

很可惜，跟大多数创业经历死于创始团队成员冲突类似，股东之间的矛盾加上其他公司的高薪挖角，王程的第一次创业就画上了句号。但是，创业的种子已经在王程的心中生根发芽。

"在公司又做了3年，作为集团人事部的老大，在给别人做职业生涯规划的同时，我一定不会忘记考虑自己的职业生涯规划。"第二次创业的原因非常简单，王程的职业生涯规划和公司有冲突，不愿意将就的他毅然选择退出后，开始了第二次创业。

这一次创业并没有得到家里人的支持，于是"我就悄悄地和一些合作伙伴在上班之余给一些学生上课做职业教育"，并继续二次创业的力量。2014年，王程正式开始了他的第二次创业——品彦文化。不同于第一次，这一次，他有备而来。

"一开始只是通过讲课和互动教育帮助阿里巴巴和腾讯培训，慢慢地我发现：既然银行有征信系统，这是国家对征信系统的一个把握和趋势。我们是否可以也做一个人才的征信系统，目前人力资源工作特别难做，光靠面试解决不了问题。解决问题通常是看这个人在上一个公司的表现，但是信息会不准确，可能掺杂各种干扰因素；另外一种方式是凭感觉，再加上几张量表，我觉得你适合我们公司。中国的人力资源管理都在模仿国外，很少有创新。于是，我就想，人才都是从学校来，那么学校就是人才发源地，如果我在这个地方做些文章，是不是可以做点人力资源创新服务呢。"

| 案例十 |
跨代际狼性团队的打造

"高校是一个相对纯净的地方,既然做的是追本溯源到了高校,对高校的公益性是公司生存和发展的前提原则。""我们不会踩着学生的红线去做事情,我给学校是免费的服务,我来负责你学生的这个实习,我们的盈利标准就是不跟学校、大学生收费,我们的盈利模式就是跟企业收费。"

尽管创业初期被许多人质疑,甚至有人笑话这种商业模式。但是,凭借在人力资源领域耕耘多年的直觉,以及对企业和人才沟通桥梁的巨大缺口,品彦文化坚持初心,这一坚持就是4年。

二、留住创始团队的信念

2017年上半年,王程团队中就经历了一次股东人事变动,对象是王程相处8年的兄弟。起初,王程认为他的品牌包装能力格外突出,于是邀请他加入团队。不过,王程也遵循着他一贯的契约精神,做出承诺,相互信任。他们说好能做就做,不能做就不做,实在不行就退出。

可是到了后来,王程发现他的这个合伙人,缺乏一定的企业家精神,也就是缺乏解决问题的能力,"后来我发现问题,所有的事情到我这全是问题,没有资金,没有资源,而创业公司要你过来就是解决问题的。这也是我现在对股东和员工的管理模式,我们的员工沟通只有两次,第一次就是我告诉你这是什么事,第二次沟通就是你告诉我你能怎么做,结果是什么,给我反馈。"

在发现这个问题后,几乎没有多大犹豫,即使8年的兄弟感情横在眼前,王程依旧选择了将这位合伙人直接除名。

"创业是一个自嗨的过程,当然这个过程是伴着理性来的,在创业的过程中不能顾忌得太多,要不这件事你就别做,因为创业本身就是一个孤单、寂寞,要承受无数压力的过程,这需要无比强大的毅力和勇气。"

所谓自嗨,意味着你没有办法太顾及别人的看法谈资,既然出于自己的意愿,那就是自己的事,那就无畏他人地去做吧。所谓理性,是说创业好似一棵树的生长过程,公司的愿景组成了它的主干,我们渴求它枝繁叶茂,可如果枝叶诱发了顶芽效应,抑制主干生长,我们也同样得理性地修剪枝叶。

大树拥有了主干,公司坚定了愿景,因此,王程在"自嗨"的路上也找到了志同道合的好伙伴。

"震东是我之前一家公司的员工,但我进去那家公司的时候,他已经离开了。巧的是,他又是那个被我开掉的老的股东的徒弟,他把他徒弟招进来,反而我俩走到一起去了,这就是志同道合,他跟我的管理意识、做事风格都是一致的。我们是喜欢做事的人。要么不做,做了就坚持下去,哪怕亏损,这是个诚信问题。所以我们坚持几个原则,即诚信、公平。"

震东与王程的相识如电视剧一般富有戏剧性色彩,但两人却一拍即合,惺惺相惜。王程笑称他们的关系好似"夫妻"一般,冲突矛盾无可厚非,但总有一方能出面化解矛盾,积极地解决问题。"很多人都说我们两个就像一对夫妻一样,床头吵架床尾和,上午拍桌子吵架,下午感觉什么也没发生,这是因为我们俩约定好的'约法三章'之一,第一章就是无论任何时候都可以为工作的事情争执,但是不要无理取闹,吵完之后,回到常规。"

"我和震东两个人之间为什么关系那么好,我们两个了解彼此,我们俩懂得什么时候我该出去说或他该出去跟我说,这就是彼此之间的一种默契。即使是方向上出现小小的想法偏差,也阻挡不了我们之间的精诚合作。一番有效的沟通,什么样的矛盾也就得以解决了。"

就如王程描述的一般,"方向上有冲突,这是也是很正常的事情,如果大方向有问题,我们会找第三方,第三方协调的时候,我们会找权威的人,我们会约定听完这些人的建议再做决定。"

这就是王程与他的股东的相处模式,他们是"一根绳子上的蚂蚱",相互协调,相互支持。

王程在选人方面很严格,却不得罪人,因为他会在选人的时候把能得罪的人和与他的商业理解不一致的人全部踢掉,留下志同道合的人。因为严格的把关,王程的初创团队不是逮一个算一个,而是得到了非常核心的团队。他谦虚地说这些成功可能和他的运气有关,只能说他们做到了诚信和诚心。

三、激活核心团队的狼性

创业公司两大命脉——资金和团队,说白了就是融资和搭建核心团队。再说得直接一点,几乎没有风险投资机构会投资给一个团队有问题的创业公司,因此,有杀伤力的团队成了创业公司必须克服的难题,无法克服这一难题,也是许多创业企业崩盘的根本原因。

"留下人才,要找到人才真实的需求点——让他做他自己想要做的事情,但要是他想要做的事情和你的目标有差距怎么办?"王程直接切入创业公司人才难题的关键,"人,你要抓住他人性的需求。男生有男生的需求,女生有女生的需求"。

说的都是一些大白话,看起来似乎轻飘飘挺容易做到,可是也有一句话是这么说——这个世界最让人满意的收入,是现有收入的两倍。抓住人性的需求,不仅仅只是现有的需求,更有被激发出来的需求。

胡佳是品彦文化的运营总监,80后,胡佳的爱人担心胡佳与别人合伙被骗。胡佳之所以留下来,是因为一句话打动他了。

"没问题,你相信我,我直接给你做工商变更。可是,即使我给你做了工商变更,你能信吗?"王程非常直接进入主题。果然,胡佳的顾虑又来了,"拿了部分并不意味着能挣钱,不挣钱不是白给品彦做了?公司亏损了,我要不要承担责任?"

让步到位之后却是得寸进尺的要求,现场马上变成了严厉的批评,王程脸色转而严肃起来,"如果你这么提问题,那今天就不用谈了,到此结束。给了你权利和相应的权益,你就一定要做好承担责任和义务的准备。"

批评之后,王程的话锋立刻再次转换,"兄弟,你也三十好几,是要奔四的年龄了,有没有考虑过自己哪天老了、退休了,有没有想过要跟自己的孩子、孙子甚至重孙子说,我这辈子就做了一个员工,或是就做了一份简单的工作,他会问你,这辈子最让你骄傲的一件事是什么?当你回答不出的时候,你怎么办?"

以上两个环节,几乎是快刀斩乱麻式的解决方式:一是,想要股份,又不愿意承担股份带来的责任的人,不要;二是,不被理想打动的人,不要。有情怀、有想法、有缜密逻辑思维的人,是王程选拔核心团队的基础条件。

四、对90后员工有招

90后通常都被认为是有个性的一代人,一言不合拎包就走人是许多人对90后员工的刻板效应。但是,在品彦文化,90后员工却做得不亦乐乎。归纳起来,有几招:

首先,项目合伙人制。从刚开始招第一名员工的时候,王程都会明确告诉员工,"你进来是和我们合伙的一个身份,虽说不是股东,却是项目合伙人的身份"。项目合伙人意味着,将项目完成交给项目组。比如,公司接了个600万元的项目,会立马形成项目组,"有人说我来接,你策划案写出了,告诉我一套项目方案,以及人员和资金配套需要",通过之后,40%交给项目团队做。如果挣钱了,利润归项目团队。为了降低项目团队的风险,品彦文化会做好计划B,以防万一。

通常情况下,公司并不会干预项目团队的具体行动,这样有利于培养项目团队的整体作战能力和项目经理带团队的能力。但是,年轻的项目经理也知道,一旦出了大问题,公司不会等到问题已经发展到不可收拾的地步才进行干预。

"我不会说因为我干涉而参与你们40%的利润分配,40%的利益仍然由你们自己分配,这样他们也很有干劲。对于留下来的人,他给了他们充分的独立性和自由性,让他们成长。"王程非常坚信独立自主人格的价值。

其次,严格的管理。自由独立并不是散漫和无组织纪律,既然是作为合伙人进来,就要有合伙人的样子,有合伙人的能力。给予充分的自由和信任,可以培养项目合伙人的能力和担当。给项目合伙人方案B是降低年轻人的压力,让他们不至于害怕而缩手缩脚。但是,一旦他们犯错,王程处理起来也可谓雷厉风行。

"我们的员工沟通只有两次：第一次就是我告诉你这是什么事,第二次沟通就是你告诉我你能怎么做,结果是什么,给我反馈。"

"第一次犯错,我可以告诉你怎么做。第二次犯同样的错,那对不起,你一定会付出相应的代价。"

第三,言出必行,以身作则。对于员工要求严格,也要以德服人。王程也做到了以身作则,务实诚信,这些源于他对员工的承诺。

从招人开始,首先要认可公司的文化,如果能认可,王程会询问员工的需求,公司能满足什么,不能满足什么,都会告诉员工,给对方一个承诺,并且履行承诺,让员工做自己想做的事,不会强压,让他们成为更好的人。

对于留下来的员工,王程也会帮助他们成长。王程常跟员工说的一句话就是"你想成为什么样的人,首先把自己打扮成什么样的人;你想成为什么样的人,就去和你想成为的这种类型的人去聊天,但是这种在一起聊天不是要让你丧失尊严"。每个人心中都是有梦想的,只要把他的梦想点燃了,他会创造更好的业绩,王程用情怀和诚信感染了员工。

常说成功是不可复制的,"成功是怎么来的？它一定是你一步步做出来的。可依循的规律是,当你面对一个大目标时,先做好你眼前的事情。当作好了眼前的事情,你觉得它已经快成功了的时候,再去规划你第二步、第三步要做的事情,因为它们之间一定会有连接点"。王程以身作则的态度,一步一个脚印,让他走到了今天。一致的价值观和目标是稳固公司和员工的联盟,帮助员工实现目标,也留住了员工的心。

五、当兵留下的烙印

王程有当兵的经验,虽说是和平年代的兵,但也有训练,也有野外生存,曾经从安徽徒步到南京。当兵的经历给了王程一个信念,就是这个信念支撑着他在创业遇到困难的时候能够坚持走下去。

"我当兵时印象最深的就是教导员在我转业的那一天说的3颗心：责任

心,事业心,上进心。到了公司里面,要'多听、多看、多做、少说'。这8个字也是在我们公司的文化里体现的,影响我一生的。"态度决定高度,格局决定结局。正是在部队训练的谦虚谨慎的态度,让他可以跟比自己年龄小的人学习,跟不同领域的人学习。

虽然工作上的王程追求严谨和效率,对员工要求高,但是在生活中却很关心员工。当时,合伙人的家里人也反对他,王程说:"我们那时候工资一直是两三千,他老婆还要补贴他。但是我的股东和我出去办事情,我从来不让他花钱。不是说这是讲情分,而是说创业合伙人一定要相互理解相互支持。"也是当兵的经历,让王程更深刻地了解了情谊的可贵,更会站在对方的角度思考,帮助别人。

王程在用人方面的心得,也充满了"兵哥"的味道:

"用电视剧《那时花开月正圆》里的女主人公——周莹对在座的掌柜的说一句话,叫'疑人不用,用人不疑';对所有的股东说一句话,叫'风雨同舟';对所有的伙计和兄弟们说一句话,叫'有福同享,有难同当'。所以,抱着我们是一个团队而不是一个团伙的心态去做这样一件事情,所有的心往一处使……每个人都有每个人的想法,只要我们的大目标、大方向是相同的,你就要允许别人的个人发展。"

六、创业路上的那些坑

核心创始人散伙、资金困难、压力和焦虑,创业路上的坑一个一个迈过来。2015年,王程的技术团队扩充到30人。欣欣向荣的表象下,对当时的品彦文化来说,资金方面考验却是巨大的。王程的合伙人们,或用资金,或用人力,都在巨大压力下默默地努力坚持着。可到了年底,一个猝不及防的变故将本就苦苦坚持在一线的团队们打击到谷底。一笔已经签字盖章的投资资金因为投资人的反悔不翼而飞,资金链突然断裂,公司濒临破产。

"资金一下子突然断裂了,我跟我的合伙人聊了一个晚上,她说要不我

案例十
跨代际狼性团队的打造

们退了,我说我就不想。"一句"我不想"把所有人拉回第一战线。王程和他的合伙人讨论了3天3夜,在黑板上涂涂画画,在计划书上修修改改,小小的办公室时而发出激烈的讨论声,时而变成久久的沉默。

3天后,他们拿出了微聘模式,"我们的微聘就跟支付宝一样,支付宝转给你的数字但钱还是在支付宝里,阿里赌的是几亿人不可能把所有钱全部提出来。我们当时180万元流水,一个人3 000元的工资在上面流动,这样可以放一笔钱做大额存款或者超低风险商业投资,赌的就是这60个人不可能在同一天把钱提出去。"

此后,品彦文化与支付宝达成合作,公司在支付宝上建立一个账户,学生都是子账户,除非学生把钱提到银行卡里,不然钱窜来窜去都在公司账户里。"我相信现在是DT时代,学生不可能把资金全部提出来,所以我不担心这一点。"王程对此非常有信心。一种看似冒险的解决办法,的确帮助品彦文化渡过了这次资金危机。

"当公司遇到了问题,我一直相信,坚持一下、再做一步,可能下一步就是海阔天空。大众会觉得这是种赌徒心态。因为在不知道未来什么方向,不能做出预判时,就这么自信,是非常鲁莽的。我说句非常现实的话有时候,就是毫无根据地判断下一步,而判断根据也很有可能只是眼前的现状,遇到这些问题的时候,我真的就是毫无根据地坚持。"这也许也印证了那句话,创业亦是一场充满技术含量的赌局。

如果一定寻根探究,王程只能用一句俗语来解释他的坚持,他不过是保持了一种"光脚的不怕穿鞋的"心态。

"我们经历过职场,小时候也经历过非常穷苦的日子。可能现在讲起来都是天方夜谭,但那个时候家庭比较困难。经历过这些的我们属于草根出生、野蛮生长的一类人,外壳会更加坚硬。人最大的挑战底线是温饱问题,我都经历过这些了,还有什么好怕的?"

创业路上,王程经历的不仅仅是资金和友情的挑战,2016年,王程的婚姻也遭到了前所未有的打击,他与他结婚7年、相恋10年的爱人,在交叉路口处分道扬镳。

"一开始创业的时候,我有这么一个精神支柱,因为我有我的爱人、我的孩子、我的父母,我要对他们负责。当我走出校园之前,我的父母共同支撑起了这一个家;当我走出校园后,这个责任就落到了我的肩膀上。当我步入婚姻殿堂之后,我要对我的家庭、我的爱人、我的小孩负责任,所有的苦难我都应该去承担,这就是我为之坚持的精神支柱。那时候我也会遇到股东之间、客户之间的问题,有时候我就会不去想这些问题了,想着回家和爱人聊聊天,或去哪儿旅个游,用这些方式来缓解我的压力,虽然不能完全解决问题,但是从心底里我已经把这个压力放下很大一部分了。"

曾经融入亲情里的爱情,是王程精神世界中的汪洋大海。"但是现在我这块支柱已经没了。"

"从2015年开始,我们的感情就处于一种破裂的状态,那时候我们公司也处于一个危机状态,因为资金链断裂,公司一下子从30个人变成3个人。感情打击让我几乎崩溃,但是在公司,任何人都看不出来我家里发生了事情。"

即使这样,王程还在坚持,他在小心翼翼地守护着他精神世界里最后的两个"孩子"——他的公司与他的女儿。

就像电影《中国合伙人》里的成东青,就算被所有人放弃,他依然会留下,因为这个公司是他的"孩子",没有人会放弃自己的孩子。

而他的女儿,就是他信念的源头。"我离婚的时候对我的女儿说,爸爸一定会成功的,你相不相信,她什么都不懂,就说相信。她给我很大的信念,我就坚信自己一定会成功,当时的我欠债几十万元。"

女儿给予了王程巨大的能量,简简单单的一句"相信",激起王程心中的阵阵涟漪。

工作时,王程陪伴着他的公司,回家后,他的孩子在等待他。那么,他还可以坚持。

七、倔强的脆弱

3年多来,从愿景构想,到战略布局,再到团队磨合,王程像一个铁人般倔强地坚持着。从未想过失败,从未想过放弃。

没有错,他在巨大资金问题面前义无反顾地坚持,在员工们都畏畏缩缩停滞不前时,他一句"我不想放弃",揽下了所有煎熬和压力;面对自己同甘共苦8年的好兄弟,他亦不含糊地忍痛割爱;曾经朝夕相处的爱人,曾经心灵的归宿,如今他已能云淡风轻地说出这段悲欢离合。

然而,这其中的每个决定、每个故事、每次从容淡定,于王程,又何尝不是一个个血淋淋的伤口、一道道直击心底的伤疤?

"我是人,不是神",王程给出了答案。他的坚持,不意味着他不痛、不痒、不受伤。他只是在努力地抵挡着压力与脆弱。

但是,在倔强前行的道路上,在遍体鳞伤的途中,王程的坚持并不是毫无缘由。

"我什么都没了,我还怕什么?只要不去干违法的事情,我要做的事情只要是我认可的,我是一定会坚持的,为什么还要去放弃。"

"创业就一个字——累。但是我相信梦想总会照进现实。"

有人说理想是奢侈品,但王程在一无所有的情况下,他拥有了这个奢侈品。理想,是他的魂魄,是他的全部。"如果我连自己内心的魂魄都没了,那我这个事情也不会去做了,我的精神世界也不复存在了。"

理想,说起来很遥远,但就是王程全部坚持的动力。他的愿景未曾改变,他的战略未曾改变。"这与我的家庭环境和交友背景有关。我高中的时候考入了中国人民解放军南京政治学院,我是军校毕业的。当时,我父亲也是部队里面的,他们从小对我的教育非常传统,教我遇到任何问题都不要放弃,要去做一做。最重要的就是训练毅力,遇到任何事情都要坚持,所以这给了我一个更大的影响。一开始我在企业里工作,就有不安的因素,我想要自己做事情,做什么样的事情?我就想,一定要做件有公益性的事情,就是既能获得经济利益,又能为社会作出点贡献的事情。因为在部队里的教育就是,要忠君爱国、忠党爱国、为国效力。"

除了精神支柱,王程还有其他的排解方式。"脆弱有时候会导致我产生猜忌不安的心态,会让我对身边所有事情感到焦虑,这样对周边的人也会有伤害。那这种时候,我就会找一个最实际的方法:找一个有书的咖啡店,坐在那里,去看看周围陌生人的喜怒哀乐,去看看外面的世界。压力大的时候,就把自己放空,什么都别想,因为表现出来也会对公司其他人产生负面的影响。"

说白了,王程有两个世界——安静的和喧嚣的。每个世界里,都有他理想的萌芽、成长和强大。他的理想,会帮他排解出脆弱,令他充满信心地前进。

案例使用指导

一、案例摘要

本案例描述了一位倔强的创业者义无反顾坚持创业的过程,引导学生了解创业背后的辛酸与煎熬,引发学生对新时代员工的团队管理的思考,并且体会信念的本质和对于一个人坚持的重要意义。王程本来行走在传统公司人力资源职位的康庄大道上,但是由于心中不安分的创业之心,即使人生经历遭遇重大变故,公司出现致命问题,他仍然坚持了下来,先后两次选择了创业,最终创造了品彦文化。在创业过程中,由于对新时代员工独特的管理激励方式,王程的团队成员无一人主动离开,这在初创团队中是十分罕见的。对王程自己来说,坚持他克服困难,一直走下去的力量根源是他的理想和孩子。案例教学中既要激发学生利用已有的知识来协助创业者应对来自人力、资金的多重挑战,同时也要帮助学生理解如何在困难的条件下获取资源、积累经验、调整自我,并为今后的创业积累经验。

案例十
跨代际狼性团队的打造

二、教学目的与用途

1. 本案例适用于"创业管理""早期创业"等课程,其中"创业管理"适用于创业中的资源获取。"早期创业"课程适用于早期团队的建立和如何留下核心团队。

2. 本案例的教学对象:工商管理本科生。

3. 本案例的教学手段:分组分析研讨。

4. 本案例的教学目的:

(1) 学习王程如何留住创始团队。

(2) 学习王程对于留住90后团队员工的做法。

(3) 学习和研讨创业路上遇到困难时如何应对,精神上如何走出来。

三、启发思考题

小微企业招人难留人难几乎是常态,90后员工难以管理和激励也是常态。两种常态下的难题,一个创业公司的探索,可供研究的问题:

1. 创业早期公司股权激励能否奏效?

2. 创业早期公司如何选择核心团队?早期创业企业如何解决留人难的问题?

3. 打动90后员工的关键点有哪些?如何激励90后员工?

4. 企业发起创始人坚持下去的力量来源是什么?

案例十一

二次创业：西口印刷转向创意文化的战略变革[*]

一、社会公益活动

嘉定,大融城,周六清晨。

姚笛已经有一个星期没有睡好觉了,每天晚上做梦,一会儿梦见展柜出问题了,一会儿梦到拿着麦克却没有声音了。姚笛担心的就是今天在嘉定大融城举办为期两天的这次公益活动,这是西口印刷第一次在大型中央商务区举办的面向小朋友的折纸教育活动。从活动的主题和内容策划,与大融城商家联络地点,再到西口印刷在自己的微商城发布公益活动公告,招揽家长和小朋友参加活动,在大融城商场布置展台……一个月来姚笛事必躬亲,忙忙碌碌,一直到周六凌晨4点,她才和自己的团队一起,将活动的展台搭建完毕。

按照事前的安排,今天在大融城举办的公益活动要办三场,第一场活动——折纸青蛙比赛在早晨9:30开始。因为这是西口印刷第一次举办类似活动,姚笛为这次活动准备了10多位工作人员,但依然还是临时出了些状况,用来为小朋友和家长折纸的桌子已经运到,却没有一把合适的螺丝刀来装配,工作人员只好把这些桌子抬到场地外,和大融城的物业去借工具来装配。周六早晨,大融城附近的沪宜公路竟然拥堵起来,活动中要用到的音响器材也被堵在了路上。尽管有些小事故,但并没有影响参加活动的小朋友和家长的心情,姚笛早就准备了彩色折纸帽,小朋友和家长来到大融城后,都被吸引到了这个场地,开始折帽子,兴高采烈地享受着快乐时光。

虽然活动进行遇到了一些小问题,但姚笛并不为此担心。自从西口印

---

[*] 本案例参加了2017年中欧案例竞赛并已经收录进中欧工商案例库,使用者可以在该案例库下载该案例的电子版本。

案例十一

二次创业：西口印刷转向创意文化的战略变革

刷向文化创意产业转型以来，原本是忙于生产的姚笛就开始了自己新的工作，建立西口公司纸制品的自有品牌和营销渠道，开展公益活动推广折纸产品，已经成为她新的日常工作。

二、产业转折

1992年西口印刷在上海建立，是来沪最早的外资印刷企业之一，其母公司为日本企业西口株式会社。西口印刷建立之初原本是瞄准学生课本市场，但当时政策不允许外资企业进入出版物市场，所以一度业务艰难。1994年1月，西口印刷引进中国第一家商业轮转机，承接企业产品说明书、企业产品介绍、零售企业的促销海报等业务。凭借着商业轮转机印刷速度快，成像质量高，适应大批量印刷的优势，西口印刷整个覆盖了中国沿海的商业印刷市场，印刷产品最南送到昆明，最北送到齐齐哈尔。西口印刷也承接海外订单特别是日本企业订单，并且将这些订单外包给昆山、苏州等地的企业。2006年，西口印刷年产值就接近2亿元人民币。

从2006年开始，上海印刷本地企业数量开始不断增加，来自广东等外地的印刷企业也加入到竞争中。到2015年，上海市印刷企业达到4 000多家，上海市一家印刷企业当纳利（中国）投资有限公司工业总产值达到47亿元，工业总产值超过10亿元的企业有8家，工业总产值超过5亿元—10亿元的企业达到15家，工业总产值亿元以上的企业有153家，总产值在1 000万元以上的企业达到800多家。行业内激烈的竞争伴随着劳动力价格和原材料价格的上涨以及管理不善等原因，使得西口印刷在2014年出现亏损。彼时西口印刷日方董事长已年过七旬，无心继续在中国经营事业，遂将企业转让，张波联合另外两位股东接手了这家企业。张波刚刚接手时西口印刷时，员工共266人，产值1.38亿元左右，厂房建筑面积42 000平方米，实用30 000多平方米，公司每月亏损200多万元。张波成为董事长后，西口印刷开源节流，一方面裁撤冗员，对员工重新聘用上岗，100多名员工下岗，留任员工共151人；另一方面加强销售，将部分空余厂房出租；2015年西口印刷销售收入总额达 1.43 亿元,实现扭亏为盈。

西口印刷的主要业务包括商业轮转和平板胶印两个部分。商业轮转的产品主要是包括超市海报、DM、报纸、杂志和期刊等。印刷业内专家预计,受电子产品和网络营销发展的影响,商业轮转市场在未来的 15 年中很难增长。西口商业轮转,数量快,爆发力强,一天印 100 万份超市 DM。一旦产品数量不足,就会处于停工状态。平板胶印则是名片、画册、宣传资料等用品的印刷。西口公司的主要客户包括超市、儿童杂志以及专业杂志等。表 11-1 列出了西口的三类典型客户以及他们对于印刷量、内容和服务的要求。

表 11-1 西口印刷的三类典型客户

典型客户	机构描述	印刷量要求	内容要求	服务要求
巧虎《乐智小天地》	日本最大教育集团与中福会合作,针对儿童的专业刊物	6 个年龄段的刊物,涉及百万用户	小朋友刊物,各式插图,对于色彩要求敏感	要求定期送到指定地点
大润发 DM(邮寄商品目录)	大润发拥有超过 1 500 万名会员,拥有 197 家门店	统一印刷,单次频率 50 万份以上	大润发 DM 针对有小孩、养狗、养车等不同族群消费者等细分市场,对于商品色泽要求高	时间要求高,需要能够很快配送到各地大润发店或指定地点
画坛	专业画家杂志,画坛新闻和动态	4 万份/月	要求具有专业画家品质	按月刊按时印刷

资料来源：西口印刷公司介绍

上海市是印刷产业集中的区域。有 14 家印刷企业获评国家印刷示范企业,数量列全国第二位;23 家企业列入 2015 年全国 100 强企业,排名全国首位;共有 48 家印刷企业获得绿色印刷认证,排名居全国第 4 位。进入 2016 年,上海印刷行业的各项指标显示了产业正在面临的停滞的局面,通过

案例十一

二次创业：西口印刷转向创意文化的战略变革

2016 年度核验的印刷企业共计 4 235 家，同比减少 168 家。工业总产值 820.93 亿元，同比减少 1.00%；销售收入 818.40 亿元，同比减少 1.62%；工业增加值 242.34 亿元，同比减少 8.75%；利润总额 49.82 亿元，同比减少 11.60%；对外加工贸易总额 99.16 亿元，同比增长 0.28%；数字印刷销售收入 6.73 亿元，同比下降 4.12%；总资产 1 142.24 亿元，同比增长 6.23%；净资产 587.16 亿元，同比增长 8.87%。从业人员总数 150 321 人，同比减少 16 911 人。

据权威机构预计，随着市场竞争的加剧，印刷企业之间的整合、重组将会加速，印刷企业数量的减少和印刷总产值的增加可能成为行业常态，印刷工业的集约化程度将进一步提高。大型印刷企业纷纷引入柯达公司、小松印务等印刷整体技术解决方案，提高印刷质量。中小型企业则努力寻找细分市场，实现转型发展。

在 2014 年 12 月 24 日，日方将西口印刷转让给公司现董事长张波，由日资企业转制为民营企业。接手后，张波开始考虑西口印刷发展的未来。嘉定区政府正在要求传统产业实现产业升级，印刷产业作为一项高能耗、高污染的传统产业，已经很难在嘉定城区存在。同时嘉定区政府提出了"文化嘉定"的发展策略，要把嘉定区打造为一个充满文化气息的新城区。如何与区域协调发展同时实现企业的可持续发展成为摆在张波面前的现实问题。

从 2015 年起，西口印刷建立了三项新业务：一是折纸业务，由折纸事业部负责纸制品的开发与品牌建设；二是"西雅图"图文工作室，负责画家及其衍生艺术品的开发；三是信息技术部，负责企业微商城和虚拟技术的开发。张波希望通过三项新业务的建立来实现西口印刷适应嘉定发展要求（的目的），推动企业向文化创意产业的发展。然而，每个部门的工作都遇到了很多困难，未来发展方向究竟怎样，何时能实现盈利，张波董事长也不能给出确切答案。对于张波来说，在三项业务前景不明确的前提下，如何构建一个能发挥企业原有的资源潜力，并且充分发挥每项业务作用的商业模式，是他和自己团队成员讨论的焦点问题。

三、折纸业务

西口印刷的纸制品事业部由日本 JPC 公司与西口印刷于 2002 年共同创立,由 JPC 公司提供了全套生产线,建立了从涂布、模切、配液、裁切最终套袋的纸制品生产流程。西口印刷折纸产品最终在 JPC 公司下属的大创百元店销售,大创百元店是一家以定价为 100 日元产品为主的零售店铺,通常销售日常用品、教育用品和折纸产品。

姚笛是西口印刷公司纸制品事业部的业务总监,2000 年姚笛大学毕业后加入西口印刷公司,日语专业的她起初从事的是客户服务工作,专门从事与日方客户的服务。2014 年,西口印刷由日资企业转为民营企业后,姚笛升任纸制品事业部总监。2015 年,张波董事长给她一项任务,在国内市场开展纸制品业务,并且创立自己的折纸品牌。

折纸活动在日本已经形成了一个文化,在日本小学、幼儿园的课程中,折纸成为一项专门的课程,用于锻炼小朋友的动手能力、图形辨别能力和空间想象能力。在日本,成人折纸也颇为流行,著名折纸大师吉泽章,自 20 世纪 30 年代起便不断创作折纸,并将折纸技术提升至艺术境界。当他的作品在西方展出后,激发起一批来自西方的专业人士投身于折纸创作及研究中。在过去的几十年,经过新一代折纸艺术家的不懈努力,现代折纸技术已发展至一个前所未有的境界。现代折纸已经不再只是儿童的玩具。它可以是一种既富挑战性又启发思维的活动。日本折纸建立了折纸产品标准说明系统,能够用这一指导系统来帮助折纸爱好者完成复杂的作品。作为具有多年经营折纸产品开发经验的姚笛,很清楚折纸在中国开展的市场潜力——越来越多的小学生甚至幼儿园的小朋友都把时间花在了电子产品和网络上,这些行为习惯引发了家长和教师对于小朋友的智力与动手能力发展的担忧,而简单的折纸活动不仅可以锻炼孩子的思考能力和动手能力,帮助小朋友认识各种形状,在折叠过程中练习对边、对角的技巧,发展对于立体空间的理解能力,还会给孩子带来更多与

| 案例十一 |

二次创业：西口印刷转向创意文化的战略变革

父母交流的机会。

姚笛和张波都相信，西口公司在折纸产品上是有优势的。首先，折纸的活动不会动用刀剪，没有任何伤害，不像草编活动那样容易伤手。折纸作品易学，趣味性高。西口公司提供了环保绿色的纸张，这种纸张能够彻底保护儿童的安全。其次，折纸活动在国内市场上尚没有一个占据显著地位的企业，并没有形成一个激烈竞争，日本的两个品牌——童洋和无印良品都在经销折纸，但销售量少、知名度不高。第三，西口印刷公司的主要客户包括中福会、巧虎等著名企业，这些客户拥有西口印刷折纸业务潜在的目标客户，仅巧虎就有70多万会员，如果能与巧虎合作，可以很快推广折纸产品，并且通过巧虎，接触到学龄前到初中的客户群体。

自从有了开拓国内市场的想法，姚笛的工作分为两个部分：一是继续做好日本JPC公司的产品供应，另一则是开拓国内市场。纸制品事业部拥有23名员工，19名员工负责折纸产品的加工生产，2名员工分别负责企划开发，2名员工负责生产管理，大多数员工从来没有开发市场的经验。这使得姚笛工作压力很大。她知道，折纸产品融入小学教育可能是一个市场机会，但她缺乏一个开发团队来开发一个整体性的教学材料包。在她的设想中，这个教学包里会加上数学元素，比如对角线、垂线、直角、锐角、钝角等内容。但这一个好的产品创意实现起来也很难——学校老师对折纸不了解，懂折纸的老师不了解课程的内容。姚笛知道自己缺乏一个双方结合的教育材料包，折纸制品开发看似简单，实质上也有困难的地方。好的折纸产品说明书只需要通过图画、折线的形式来表达。世界著名的玩具产品公司乐高，对于复杂玩具只是用图画而非文字就能清晰地表明这个玩具的装配。折纸产品如果不能做好清晰的产品说明，那么很多家长就不会用来花时间来教孩子了。

一个偶然的机会，西口印刷找到了自己的品牌——"纸说"。

西口印刷受到上海大学的邀请，在创业课程中讲述公司的项目需求，姚笛和公司董事长张波一起到了课堂上，向学生征集折纸产品的设计方案。

经过一段时间的准备以后，一个学生团队提供的名为"纸说"的创业方案得到了西口印刷的采纳。

"纸说"的品牌理念在于发扬和传承中国传统文化和折纸艺术，实现个人生活品质和生活幸福感的提升。"纸说"，一个做折纸的文创团队。折纸，一门古老而颇有兴致的技艺，源起中华而今反兴盛于东洋，我们痛惜折纸文化当今的发展，遂以纸为名，重习传统。以中国传统色彩的旖旎为基，结合古典诗词曲赋的风采，我们怀一颗赤子之心，借色彩切入，尊文化为核，将色彩、文化与折纸相结合，希望在做手工的同时重拾传统，体味数年前的魏晋风流和汉唐气度。我们在中国传统色彩中选取了"彤赭黄碧紫霜玄"7大色系，分别设计了7款不同色系的折纸礼盒，每个色系下又呈7色。礼盒内即有同色系纸张21张，原创册子1本，每册内含独家折纸教程7个。每一份设计，从纸张、插图、配文到装帧都是斟酌思考，反复雕琢，达到我们尽力做成想要的样子。

姚笛接受了这一产品方案，开发了一个七色礼盒，并且把这一礼盒作为公司的新产品向外推广，公司按照学生团队的方案注册了——"纸说"品牌。

在开拓市场方面，从2015年开始举办各项公益活动，在上海市一些小学、幼儿园和嘉定区少年宫、嘉定区文体中心、嘉定区保利大剧院做公益活动。在嘉定区文体中心举办公益活动，当时正好有地方空着，于是无偿给西口印刷举办公益活动，每次活动，小朋友都要通过嘉定文化云网络报名，限额50名。课程内容包括折蜻蜓，男孩、女孩头像，长颈鹿等。每次活动都能看到家长小朋友对折纸活动的喜爱，开始有了口碑。姚笛发现，折纸活动非常受欢迎，一些咖啡馆甚至邀请姚笛到他们那里举办活动。

对于未来面临的困难，姚笛说："我自己是做工厂出身的，如何找到一个合适的设计团队目前是她很难解决的问题。"

案例十一
二次创业：西口印刷转向创意文化的战略变革

四、AR 技术

信息部负责人陶陶，借助于纸制品事业部开展的系列公益活动推广其 AR 技术。AR 技术即增强现实(Augmented Reality)，也称之为混合现实。它借助于三维显示技术、交互技术、多种传感技术、计算机视觉技术以及多媒体技术把虚拟对象与真实环境相互补充、叠加，增强用户对真实环境的理解。陶陶初次尝试 AR 技术的运用，就是西口印刷在嘉定区保利大剧院举办的公益活动中。只要在家长和小朋友手机上下载客户端后，扫描折纸产品上的二维码，就可以在手机上看到折纸的教程视频。AR 技术实现的第二项功能是虚拟拍照，使用这项功能，可以让使用者和虚拟的动画人物或者卡通动物合影留念。

作为为西口印刷各项业务提供支持服务的信息技术部，陶陶在信息技术部有三位下属，分别负责整个公司的网站、微商平台和 ERP 系统的推进。西口微商城是 2014 年上线的，网络营销是大势所趋，西口印刷的微商城销售的产品主要是折纸产品和另外一个"西雅图"部门的创意产品。微商城自从上线以后，运营情况一般。西口公司也没有做什么实际推广，主要是西口公司各类活动、新闻的告示，以及折纸类产品、创意类产品的销售。为了增加点击量，陶陶每周都要选择一些印刷行业的信息发在微商城，但现在关注量不多，也就 500 人左右。借助在折纸公益活动现场的宣传，下载量和关注量有所增加，但是粉丝黏性是否稳定还需要等待时间的检验。

从张波接管西口印刷开始，陶陶的工作内容发生了变化，原本是一个业务支持部门的领导，现在陶陶也开始设想如何盈利。利用 AR 技术发展增值服务是陶陶重点考虑的一项可供发展的盈利业务。陶陶最近正在与婚庆公司合作，将 AR 技术用于婚礼请帖。新人可以在结婚请帖上附二维码，只要接受请帖的人用手机扫描一下，手机上就会出现一段新郎新娘"欢迎您参加我们婚礼"的视频。通过 AR 技术的应用，亲朋好友还可以在手机上看到新人的相册、新娘的婚纱照、新房的情况。陶陶的另一项工作是为西口印刷的老客户推广AR，并把一些新的服务创意加进去，作为增值服务交给传统客户。

陶陶为老客户提出了很多服务设想"我们为企业做服务提案，这家企业是做变形金刚的，采用AR技术可以带来更多服务，比如让它的顾客扫一下二维码，然后可以和一个虚拟的变形金刚合影。我们还可以为企业做宣传片，顾客扫描企业的二维码以后就可以在手机上看到这家公司的宣传介绍。我们现在主要向西口公司的老客户提供这些服务，就算这些老客户不采用我们的服务，老客户们至少也会知道我们一直在想着为他们服务。"

五、"西雅图"

严明英也一直关注着折纸事业部的工作，她是姚笛在西口印刷的朋友，担任公司西雅图图文工作室（以下简称"西雅图"）的总监。"西雅图"是2015年4月成立的，由著名篆刻家崔可嘉命名，寓意为西口、雅艺、图文工作室。严明英1992年进入西口印刷，一直从事印前工作，是目前西口资历最老的员工之一。

"西雅图"的一项业务是结合创意文化做一些产品。西口公司作为一家印刷厂，常年与画家合作，开展印制画作和画家产品复制业务。西口印刷一直承担《画坛》杂志的印刷业务。画坛是一个以推荐当代画家为主的杂志。西口印刷为了拓展画家作品业务，决定收购画坛杂志。"西雅图"负责接下来和画家合作，举办画展，和他们的画风结合，拓展衍生品的销售业务。

"西雅图"另外一项业务则是开发画家资源。"西雅图"聘请了画坛主编包老师作为西口公司的艺术总监，由他来对艺术家的艺术发展潜力进行评估，在包老师评估意见的基础上，决定是否签约。签约画家的主要约定是画家每年提供40幅画给"西雅图"，由"西雅图"帮他们推销，同时《画坛》每年给他们6页篇幅对于签约画家进行推广。严明英还要找画廊销售，画家

案例十一
二次创业：西口印刷转向创意文化的战略变革

很多,作品也很多,严明英感到自己没有精力和实力去和很多画家合作。她也在接触一些画廊,去寻找有深度挖掘潜力的画家。除了销售画家的原创产品外,"西雅图"还要将画家的绘画开发衍生产品如笔记本、图画绘本、瓷器和丝巾等用来销售。严明英做了一些调研,发现市场上的创意衍生笔记本价格在90元—100元之间。"西雅图"将自己的产品定价比这些产品低一些,目前一套两本卖55元,单本买32元。后面"西雅图"准备做第三、第四套(重庆画家的衍生品),编码限量发行,作为供给企业或事业单位的礼品进行销售。最近"西雅图"开发了4套以古代绘画为主题的创意笔记本,限量版本很快销售一空。

严明英部门包括5个人,除严明英以外,还有两位销售,1位设计,1位策划。严明英知道,现在自己的部门并没有可靠的盈利来源。承接画家画册,本身是盈利的,但业务量不多——"西雅图"为小的私营美术馆定制画册,销售额到40万元—50万元,利润率达到20%。根据西口公司的预测,3年内"西雅图"都无法盈利,公司会持续投入资金,逐步发展这个业务。在谈到自己面临的困难时,严明英说:

"今年慢慢启动。销售是我们最欠缺的,我们要么做技术、管理,没有做市场的。我们在谈知名书店,看看能不能进行,网站看看能不能通过网络销售,微商城来尝试销售。"

六、协同

经过一年的努力,见到了一些成效。由上海大学悉尼工商学院提供创意的"纸说"品牌已经注册,并且"纸碧"这一创意产品获得美国印刷行业比赛铜奖。折纸事业部依据这一创意开发了礼品盒,"西雅图"工作室正在把这一获奖产品开发成为创意笔记本和创意台历。由"西雅图"签约的两位重庆籍画家已经在嘉定美术馆举办了个人画展。公司的微商城也开始运营起来。但与此同时困难也是显而易见的,3项业务都处于探索阶段中,尽管每项业务负责人都相信,这些业务的发展前景良好,但何时能实现盈利,每个人都无法给出确定的预期。

对于董事长张波来说，更重要的是应该如何利用这3项业务推动公司的整体转型。公司现有的印刷业务和对日本的折纸业务出口仍然能保持增长，实现公司盈利应该是预期中的事，特别是公司占有的大片空地和空厂房，这对于公司来说，无疑是实现发展和盈利的宝贵资源。如果能将这片空地和厂房建成创意园区，吸引更多的企业入驻，对于公司的长远发展或许具有更重要的意义。然而挑战也是明显的，嘉定区政府规定，建立园区每亩需要上缴税款50万元，否则将难以获得批准。

张波认为，对于公司的定位既要适应嘉定区未来发展规划的要求，同时也要能够适应在做好传统印刷业务的基础上，实现由印刷加工企业到创意文化企业的战略变革。未来的西口印刷将致力于以印刷为手段，打造文化与教育，实现传承文化的目的。一年当中已经做了很多探索，但今后应该怎样发挥自己各项资源的优势，依然是一个难以解决的问题。

对于3位新业务的负责人，张波深知在战略变革中他们面临的不易，但印刷产业已经进入了集体升级的时代，每个中小型企业都面临着生存压力，他需要对每个业务负责人制定新业务发展指标以加速新业务的发展。

他在自己的微信中这样鼓励大家：

"有些压力总是得自己扛过去，说出来就成了充满负能量的抱怨。寻求安慰也无济于事，还徒增了别人的烦恼。而当你独自走过艰难险阻，一定会感激当初一声不吭咬牙坚持着的自己。"

参考文献：

[1] 王森. 2015年上海印刷业统计数据出炉 多项指标下滑[EB/OL]. (2016-05-17). 科印网, http://www.keyin.cn/news/sczc/201605/17-1094770.shtml. 该数据根据上海新闻出版局公布数据整理.

[2] 马忆原. 西口——守望上海[J]. 印刷经理人, 2006(12).

案例十一
二次创业：西口印刷转向创意文化的战略变革

附录一：西口印刷的企业理念和目标

企业理念：敢于挑战并力求创造与革新，被社会大众所接纳，被客户所信赖。

企业目标：以一流服务、一流质量、一流管理、一流工艺追求终极之美。

价值主张：我们不懈追求印刷品质量和技术的革新以及社会责任。

3S 活动：做上海最清洁的印刷企业。3S 是指整理/整顿/清扫。通过导入 3S 活动，提高发现各种各样的问题的素质，同时提高解决问题的能力。

ISO 体系认证升级：以更高的标准，持续不断地提高产品质量。执行及不断修正我们的作业标准，以更高的要求应用于生产的各个环节，以此来达到客户满意的最终目标。

员工教育与培训：从日本公司聘请经验丰富的印刷专家进行现场技术指导。通过更多的教育与培训，并且在各个方面对优秀的员工进行奖励，关注员工的进步与发展，确保以人为本的长期可持续发展目标。

附录二：西口印刷公司的组织结构

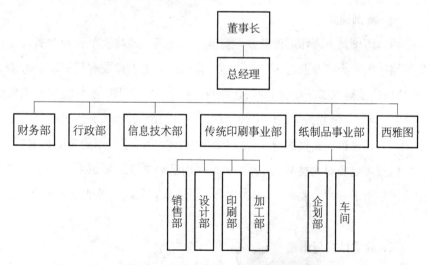

图 11-1　西口印刷公司组织结构图

附录三：西口印刷的印刷业务

流程	关键设备	功能说明
印前	AGFA CTP 机，EPSON 数码打印机	实现待印刷产品标准的数字化和标准化
印刷	高速自动胶版轮转机(625 mm) 高速自动胶版轮转机(598 mm) 高速自动胶版轮转机(546 mm)	印刷不同印刷幅度的产品，西口有能力提供更多尺寸要求的印刷品，3 台高速轮转机可以在每小时提供 12 万张印刷品
加工	骑马装订机,无线胶装机,自动打孔机,手动打孔机,万能折页机,裁切机	实现印刷品的修边，装订，完成每件印刷品
质检	/	在制造过程或在成品阶段，均设置有严格的品质检查流程
仓储物流	自动化仓库(1 000 个仓储单元) 10 辆货车	实现仓储物流，送货上门

案例使用指导

一、案例摘要

西口印刷是上海印刷产业升级背景下正在通过战略变革寻找业务转型发展路径的中小型企业之一。为了适合嘉定区发展的需要和自身发展的需要，西口印刷建立了 3 项新业务，包括折纸产品、"西雅图"创意图文产品以及 AR 技术。3 项业务的推广中都面临着很好的市场机会，又各自面临着诸多困难。通过这一案例的学习，使得学生能够理解战略变革的实际含义，不同层级管理者面对的挑战，在激发学生利用已经学过的知识来协助企业走出自己独特的转型之路，建立通过发展新业务实现战略变革的全局观念。

二、教学目的与用途

1. 本案例适用于"创业管理""战略管理""市场营销"等课程，其中"创

案例十一

二次创业：西口印刷转向创意文化的战略变革

业管理"适用于公司如何实现二次创业。"战略管理"课程适用于讲授企业变革和商业模式等课程。"市场营销"课程适用于产品相关内容,特别是新产品开发。

2. 本案例的教学对象：工商管理本科生,管理类研究生以及 MBA 学生。

3. 本案例的教学手段：分析研讨,角色扮演。

4. 本案例的教学目的：理解在不得不面对新业务开展的不确定性时,应该如何渐进改善各项业务。

（1）理解中小企业在战略变革过程中面临的困境以及各级管理者面临的挑战和痛点。

（2）学习和研讨企业如何在市场前景不确定的情况下开展业务。

（3）学习和研讨商业模式理论在企业的应用,并通过一个整体的思路来。

三、启发思考题

1. 什么是战略变革？战略变革过程中中层经理的职责发生了哪些变化？各自遇到怎样的困难？

2. 如何看待每个业务的不确定性？如何降低这些业务不确定性的影响？

3. 对于纸制品事业部和"西雅图"工作室,如何有效地进行产品开发？

4. 在新业务建立以后,西口印刷原有的商业模式将会发生哪些变化？

第四部分
创业环境

案例十二

科技企业加速器：为科技企业成长保驾护航[*]

一、加速器的特征

加速器是创业孵化器的一种类型，其物理形式与孵化器、众创空间、创业空间等形式一样，都是以集聚创业者为主，同时为创业者提供完备的服务，包括咨询服务、法律服务、财务服务、市场营销服务等。除以上服务以外，加速器一般还具有以下特征：

（一）盈利主要源于增值服务

无论加速器、科技园区、孵化器、众创空间等，他们的本质都是科技地产，即应用于集聚科技创新资源或企业，基本收入源于房地产的出租或者工位的出租。但加速器与一般孵化物理形式不同的是更加倚重于增值服务。硅谷著名孵化器 Plug & Play 创始人赛义德·阿米迪（Saeed Amidi）最初从事的是房地产相关业务，把场地出租给一些企业家。他对创新创业的兴趣从投资一家智能手机公司开始，之后又扩展到 PayPal 和 Dropbox 等企业。就这样，他变成了投资人。2006 年，阿米迪购买了面积约 1.7 万平方米的办公大楼，这里就成为 P&P 向全球扩张的发源地。这时，来自投资初创企业的收入已经远远超过了来自房地产出租的收入。这种收入来源的转变确定加速器作为一种加速创业企业成长的模式是成功的。

（二）集聚对象主要是高成长企业

高成长企业是加速器经营者最为中意的孵化服务对象，高成长企业是加速器经营者心仪的创业黑马。从形式上看，高成长企业一般具有企业规模在短期内扩张快，销售额增长迅速增加的特征。从产业分析上看，高成长

---

[*] 本案例由吴海宁老师指导本科生张建雄、杨文捷、胡健、潘珺等同学根据该中心外部资料编写，案例内容仅供课堂讨论。

企业一般处于投资风口的新兴产业,这些新兴产业包括基于人工智能、大数据、互联网、新材料、新能源的创新企业,他们一般具有创新的商业模式、创新技术和新产品或服务的基本特征。高成长企业往往也意味着高风险,这些基于新兴模式、新兴技术的企业往往缺乏传统意义上的固定资产,一旦创业失败,投资者往往难以收回投资。

(三) 服务能力要求高

一旦选择采用加速器的经营模式,加速器经营者就会与潜在的高成长创业者形成命运共同体。成功的加速器能够树立自己声誉的最好方式是培育出高成长企业,特别是知名的高成长企业。这就对以房地产出租、管理和普通的咨询培训服务的传统服务方式提出了挑战。这些服务能力包括搜寻和识别潜在的高成长企业,提供培训和金融服务,帮助企业成长上市等。

二、漕河泾创业中心的创业加速器

2010年9月,由上海市科技创业中心牵头,启动上海加速器试点工作,漕河泾开发区科技创业中心与杨浦科技创业中心成为首批试点单位。2012年4月,上海同济科技园有限公司、上海八六三信息安全产业基地有限公司、上海市青浦区科技创业中心、上海景孵电子信息科技有限公司、上海上孵企业管理有限公司等5家孵化器成为第二批试点单位。2013年,上海又新增3家加速器,数量已经达到10家。

漕河泾创业中心是上海市最早的以孵化创业企业为己任的创业孵化器。在其发展过程中,充分利用了漕河泾园区集聚上海市高新技术企业的区位优势,上海市发展高新技术企业以及建设科创中心所出台的政策优势以及所在区域高校科研院所密集的知识基础优势,成为服务创业企业的标杆,该创业中心建立的服务体系完整,有强大的金融服务能力,并且在上海市建设科技创业中心的背景下具有明确的战略方向:建设科技绿洲。

漕河泾创业中心建立创业加速器的特征如下:

案例十二
科技企业加速器：为科技企业成长保驾护航

- 依托园区内资源

2009年10月23日，上海漕河泾开发区宣布，上海首个科技企业加速器在园区揭牌。加速器主要满足科技企业对资金、管理、人力资源等方面的个性化服务。目标是对漕河泾所属高科技园内科技企业进行服务支持，尤其是提供投融资、财务咨询、管理咨询和上市等方面的服务，实现加速成长。这样在漕河泾开发区形成"企业孵化器——企业加速器——创新基地"三级创新创业服务体系，最终成为国家级的科技成果转化基地、自主创新基地。

- 向国际孵化器学习

顶尖的国际知名孵化加速器 Y Combinator、Plug & Play、ICE house 等是漕河泾创业中心的学习标杆。在这些孵化器中，项目面试是提供一切服务的前提，只有通过面试的企业，才能享受到孵化器内提供的一系列专业服务。这也使得国际知名孵化器都成为创业界的北大清华哈佛斯坦福等顶级名校。漕河泾创业中心还在园区内部与这些国际知名的孵化加速器合资建立服务机构，用于孵化和加速企业成长。

- 建立完整的服务体系

在解决国际标杆的基础上，漕河泾创业中心的加速器建立了完整的孵化体系，其主要服务包括：

1. 项目面试

进入加速器在符合高新产业范围内的起步标准一是年销售额超过1 000万元，二是年营业收入增长率超过20%。在此基础上，企业需要申请进入加速器，并且经过项目面试。项目面试的作用在于筛选初创企业和项目，漕河泾创业中心制定了项目面试评审的工作流程，评比准则以及相关文件，希望通过项目面试，提高入孵项目质量，聚集更优质的创新创业人才，树立和维护漕河泾创新创业服务品牌。

例如，在2014年面试了台湾创业企业"杀价王"。这一企业通过拍卖制度的创新建立自己的商业模式，在货品每次拍卖中出价最低的且唯一的用户将中标。面试官的问题包括："你的拍卖方式是否太容易被模仿？""如果

BAT 等互联网大腕复制你的模式,你该如何应对?"面试是创业者对自己创业计划的阐述和思考,在专业人士的批评和建议中检查自己的创新是否可行。面试一般由创业中心资深孵化管理人员以及外部投资专家组成。

2. 个性化服务

一旦成为入驻企业,即可享受到创业中心提供的个性化服务,这种服务不仅包括咨询、融资等服务,甚至包括产品开发、市场开发、战略联盟建立等非常专业深入的服务。宇祐通讯是一家智能移动终端设计公司,2012 年入驻漕河泾开发区以来,受到了创业中心的重点关注。2013 年在其资金紧张时融资平台两次放贷 400 万元无抵押、无担保贷款解燃眉之急。同时创业中心聘请创业导师朱正红为其引路指点,助其一臂之力。宇祐通讯收到大客户北斗导航移动终端订单,却由于对北斗技术不熟悉,最终设计方案迟迟无法定型……针对宇祐的难题,朱正红为企业开出了对接上游生产企业、对接北斗院士专家的良方,为企业确定产品方案提供了重要参考。在对接技术交易所的同时,创业中心还联合上海卫星导航联盟为宇祐提供更多商贸、住宿、餐饮、仓储、交通运输等传统服务业,以金融保险业、信息传输和计算机软件业、租赁和商务服务业、科研技术服务和地质勘查业、文化体育和娱乐业、房地产业及居民社区服务业等为代表。针对宇祐急需室内精确定位技术的情况,创业中心与联盟为宇祐对接了专注于室内定位技术的思品电子。在探讨具体合作的过程中,由于思品电子具有成功为监狱、大型机房、工厂等复杂环境提供精确室内定位解决方案的成熟经验,双方一拍即合,当场达成了强强联合、共同开发新移动终端产品的合作意向。

3. 广泛地寻求资金支持

自 2012 年以来,为帮助企业突破资本桎梏,漕河泾创业中心定期在开发区内举办企业高管金融沙龙活动,众多企业的创始人及金融机构的著名投资人在沙龙中对企业所处行业、公司战略和需求进行充分探讨。举办投资基金洽谈交流会,吸引天使投资的创业企业参加。在创业中心的牵头辅助下,多家企业与机构达成合作意向。

| 案例十二 |
科技企业加速器：为科技企业成长保驾护航

在一次高管金融沙龙活动中，上海鸿润科技物流有限公司与祥峰投资控股有限公司在创业中心的协助下达成了合作共识，并于近日完成了千万元的融资。创业中心在此次融资活动中为鸿润科技提供前期财务顾问服务，并与祥峰投资签订了双方合作协议，通过一系列的增值服务促使双方在合作过程中保持畅通，创业中心的平台价值也在双方的投资合作中得到了充分肯定。"能与祥峰投资公司成为战略合作伙伴，我们感到十分兴奋。我们也十分感谢漕河泾创业中心提供的财务顾问和相关服务，"鸿润科技创始人廖清新总经理说。"未来公司在执行业务发展计划时，他们在我们这个细分市场的经验、方法和专业知识对我们具有很大价值。"祥峰投资执行董事黄岩充分肯定了漕河泾科创中心在整个融资活动中扮演的角色："我们很高兴能与漕河泾创业中心合作，共享发展的机遇。同时，鸿润科技公司的产品拥有巨大的增长潜力，公司的管理团队也令人振奋。我们希望通过我们的支持帮助公司业务的持续发展，实现收入的显著增长。"

三、寻求新突破

上海加速器的发展是四轮驱动的结果：政府政策、经营者努力、技术驱动和资本驱动。单纯的将加速器看作是经营者和孵化企业之间的关系并不符合上海市发展科创中心的现实要求。其中加速器的经营者在整合来自政府、入驻企业、资本、知识研发机构的资源之间将要起到重要的作用。

这种新的突破在于：

对于富有战略意义的创业企业，给予配套政策优惠。这种优惠体现在土地、税收和人才资源上。特别是在上海房价高、生活成本高的前提下，政策优惠对于上海市原创的科技创新具有重要意义。如杨浦科技创业中心，临港经济园区执行政策特区，资本特区和科技特区。

对于加速器经营者来说，由于加速器本身的服务要求高，对于外围环境要求高。因此，应当以品牌加速器为基础，实现品牌服务的复制，伴随着所在园区的扩张而实现进一步的扩张。

参考文献：

[1] 陆文军.上海诞生首个科技企业[EB/OL].(2009-10-24).漕河泾科技创业中心, http://www.caohejingibi.com/zh-cn/about/media/2009_10_24_2595.shtml

[2] 耿挺,陈婷婷.科企如何实现新三板加速跑[EB/OL].(2014-03-05).上海科技报, http://www.caohejingibi.com/zh-cn/about/media/2014-03-05-3004.shtml

[3] 漕河泾创业中心.媒体关注:《徐汇报》报道创业中心入孵项目面试评审[EB/OL].(2014-04-02).http://www.caohejingibi.com/zh-cn/about/media/2014-04-02-3015.shtml

[4] 漕河泾创业中心.双创简报, http://www.caohejingibi.cn.

[5] 漕河泾创业中心.漕河泾天使入股鸿研物流 投贷联动初显成效[EB/OL].(2017-08-01).http://www.caohejingibi.cn/zh-cn/news/story/2017-08-01-23677.shtml

[6] 漕河泾创业中心.科技金融增值服务助鸿润科技获千万元风险投资[EB/OL].(2013-11-25).http://www.caohejingibi.com/zh-cn/news/story/2013-11-25-2963.shtml

附录：

双创服务：

入驻前：

1. 入驻条件

（1）苗圃项目

有明确的创业计划；

未成立公司的创业者及团队；

新的创业模式,项目具有创新性。

（2）孵化器

案例十二
科技企业加速器：为科技企业成长保驾护航

① 企业注册地及办公场所必须在创业中心的孵化场地内；

② 属新注册企业或申请进入创业中心前企业成立时间不超过3年；

③ 企业在创业中心孵化的时间一般不超过3年；

④ 企业注册资金一般不得超过500万元；

⑤ 属于迁入企业的，上年营业收入一般不得超过500万元；

⑥ 企业租用创业中心孵化场地面积一般低于1 000平方米；

⑦ 企业需从事下列高新技术领域内技术及产品的研究、开发、生产和相应的经营、服务业务：电子信息技术、生物与新医药技术、航空航天技术、新材料技术、高技术服务业、新能源及节能技术、资源与环境技术。

高成长性企业可适当放宽条件。

2. 阐述创业项目

初次创业者在确定创业意向后，至创业中心孵化部相关人员处进行协商洽谈，可电话或邮件咨询。

联系电话：64953358　64952625

联系邮箱：scic@caohejing.com

3. 填写入驻申请表

对于满足入驻条件的项目，申请者可以填写《企业入驻申请表》，我们会指定专门的项目经理跟进联系，从项目接触开始到项目毕业，此项目经理将始终跟进服务。

4. 入驻评审

收到申请者的《企业入驻申请表》后，我们将会安排专家进行评审，针对以下几个方面进行评估：

（1）技术可行性分析：项目名称、用途、主要技术创新点及其所达到的国内、国际水平；技术成果来源及知识产权情况。

（2）市场可行性分析：产品已具备的商品化程度；国内、国际需求量；销售渠道及价格情况；国内、国外同类产品的行情比较。

（3）创业团队：主要技术人员、市场开拓人员、财务管理人员、行政管理人员受教育程度、从事相关工作经历及将起作用。

（4）经济效益（社会效益）分析：企业3年发展规划及其配套资金来源；项目产品投产后，年产值、利润等情况。

评估一般在3个工作日内予以回复，决定是否同意入驻。

对于意向入驻的项目或企业，项目经理将会就具体的细节与创业者进行进一步的沟通。

入驻及入驻后：

1. 注册须知

◆注册资金小于100万元的内资企业

注册地址：工商徐汇分局漕开发工商所，桂平路418号1楼，电话：64858903。

工作时间：周一——周五上午8：30—11：30，下午13：30—17：00。

◆大于或等于人民币100万元的所有内资公司

注册地址：徐汇区工商局，茶陵路76号，电话：64038400。

工作时间：周一——周五上午8：30—11：30，下午13：30—17：00。

◆外资企业、股份公司注册

注册地址：上海市工商局，肇嘉浜路301号，电话：64220000。

工作时间：周一——周五上午8：30—11：30，下午13：30—17：00。

企业需要在拿到企业资质证明文件（执照、代码证、税务证）后第一时间复印或扫描后交中心对口项目经理或客服人员：

专职受理人员电话：021－64952625，54260100－3517

邮箱：scic@caohejing.com

2. 合同约定

根据《中华人民共和国合同法》《上海市房屋租赁条例》等相关法律法规的规定，创业中心与入孵企业双方在平等、自愿、公平和诚实信用的基础上，协商一致，订立房屋租赁合同。双方拥有签订及履行合同的法律资格、

| 案例十二 |
科技企业加速器：为科技企业成长保驾护航

民事权利能力和民事行为能力，对各自的权利、义务、责任清楚明白，并愿按合同规定严格执行。如一方违反租赁合同，另一方有权按合同规定索赔。

3. 孵化协议

孵化协议是保障入孵企业和创业中心有效合作及服务的意向保证。一般而言，孵化协议一年一签订。

孵化协议约定的服务内容，创业中心均会保证提供，入孵企业同时也有义务做到按时向中心提交企业的季度及年度的运营情况的报告。

基于基地企业数量较多的原因，我们也鼓励企业或项目积极与我们保持紧密的联系。

4. 租金支付

租金先付后用。企业有义务依照合同的约定支付租金及相关费用。作为合同的甲乙双方，双方都必须依照合同的约定履行各自的义务。

企业孵化器是一所培养企业的学校，而入驻在孵化器内的企业就是学校里的学生，从进入学校的那天起终究是要离开孵化器的关怀，到一个更大的环境去生存，因此对进入孵化器一定阶段的企业进行一个综合评价，符合要求的企业将授予毕业企业的荣誉，并将会得到进一步的政府扶持和帮助。

1. 毕业条件

◆在孵企业毕业：

达到以下条件的企业准予毕业：

（1）有2年以上的运营期，经营状况良好，主导产品有一定的生产规模，年总收入达500万元以上，且有100万元以上的固定资产和自有资金；

（2）企业建立了现代企业制度和健全的财务制度。

◆苗圃项目毕业：

接受苗圃项目孵化且孵化项目发展成熟并有下列情形之一的，视为毕业：

（1）以孵化项目组建公司或者以孵化项目作价入股与他人合作组建公

司的;

(2) 通过技术转移由他人实施的。

2. 毕业程序

在孵企业填写《在孵企业毕业申请表》,并向所属孵化器提交工商营业执照、税务登记证、前一年度工商登记材料以及孵化期间最近一年度财务报表;其他各类权威机构出具的文件或荣誉证书,比如高新技术企业证书、高新成果转化项目证书、创新基金(立项)验收证书、专利证书等文件的复印件。

3. 毕业后服务

毕业企业孵化期满后,创业中心将根据企业的资质和条件,若留在徐汇区,将由中心推荐企业申报徐汇区加速企业,享受加速企业政策,可继续享受区政府给予专项资金扶持,期限为3—5年不等。

(1) 入驻装修须知

除出租房屋内已有的装修和设施外,企业另需装修或者增设附属设施和设备的,应事先征得创业中心的书面同意,并与物业管理公司办理相关手续,按规定须向有关部门审批的,则还应由企业报请有关部门批准后,方可进行。

企业对出租房屋的装修、使用应符合国家和上海市的环境保护及消防安全法律法规,并应遵守相关的物业管理规范。如违反相关法律法规、规范,企业应承担所有相关责任(包括但不限于对于甲方和/或第三方造成损失的赔偿责任)。

(2) 提前退租须知

因企业自身原因要求提前退出,需先向创业中心提出口头申请,提交提前退出申请报告,说明原因。经创业中心审批后认为合情合理的,可以协商无条件办理退出手续。如退出原因不合理,企业需支付相应的违约金。

(3) 日常物业服务

租赁期间,发现房屋及其附属设施有自然损坏的,应及时通知物业管理公司进行维修。维修房屋及其附属设施时,应积极协助和配合。因企业的作为或不作为造成不能及时进行维修而产生的后果,则概由企业负责。

| 案例十二 |

科技企业加速器:为科技企业成长保驾护航

如创业中心在合理时间内未能进行维修的,企业在提前3个工作日书面通知的前提下有权自行进行维修工作,所产生的合理费用由创业中心承担。

租赁期间,企业应合理使用并爱护房屋及其附属设施,企业人为损坏或因企业原因发生故障的,和/或未能按照国家/地方相关法律法规采取消防安全措施的,企业应负责及时修复/整改并承担费用。如企业在合理时间内未能修复/整改的,创业中心在提前3个工作日书面通知企业的前提下有权进行维修/整改工作(包括但不限于进入房屋进行),所产生的合理费用由企业承担。

租赁期间,创业中心保证出租房屋及其附属设施处于正常的可使用和安全的状态。创业中心可对出租房屋进行检查、养护,检查养护时,企业应予以配合。

物业管理公司联系方式:

桂平路680号物业管理处:64950828

桂平路481号物业管理处:64950828

桂平路410号,418号物业管理处:64851183-11

1. 为创业苗圃项目提供的孵化服务:

免费提供3—6个月办公场地及基本办公条件;

免费提供传真、复印、打印等日常服务;

及时传达有关科技政策信息,并提供政策、管理、财务、市场、营销、法律、人力资源等方面的咨询;

配备联络员及创业辅导员,对重点扶持的创业项目由配备的创业导师进行专门指导和个性化服务;

定期或不定期举行创业前培训、拓展、沙龙等活动。

2. 为孵化器企业提供的孵化服务:

基本服务:场地租赁、工商税务登记等商务服务、物业管理及各种生活服务等。

管理服务：高新技术企业认定和复审、"千人计划"等人才引进类项目申报、创新基金项目申报、高新技术成果转化项目申报、自主创新产品认定、重点新产品计划申报、软件企业认定、集成电路企业认定、技术创新项目申报、企业诊断、协调企业与政府的关系、落实各项优惠政策等。

技术服务：建立宽带网络平台、加工中心，建立技术专家咨询网络、举办技术交流会、技术鉴定等。

市场服务：举办企业及产品展示、组织各种产品交流会、通过媒体宣传企业、组织企业之间的国内、国际交流、企业沙龙、帮助企业进行市场调研、市场策划、项目推介等。

培训服务：专业技术培训、企业管理培训、市场营销培训、政策培训、财务培训、税务培训、外语培训、计算机培训等。

融资服务：对孵化企业进行种子资金、风险资金的投资，帮助企业获得贷款和贷款担保，寻找风险投资、并购、上市等。

资料来源：漕河泾创业中心官方网站，入驻—双创服务—漕河泾创业中心，http://www.caohejingibi.cn。

案例使用指导

一、案例摘要

本案例介绍科技企业加速器在漕河泾诞生、功能特征以及在上海的发展情况，说明了科技企业加速器的功能服务。本案例用于读者对于加速器的初步了解。由于本案例中看似简单的服务往往是经过大量积累的过程，才能实现加速服务，本案例特别附上漕河泾创业中心的发展历程作为背景资料。

| 案例十二 |
科技企业加速器：为科技企业成长保驾护航

二、教学目的与用途

1. 本案例适用于"创业管理"课程，其中《创业管理》适用于创业环境分析，创业地点选择。

2. 本案例的教学对象：工商管理本科生。

3. 本案例的教学手段：分组分析研讨。

4. 本案例的教学目的：

（1）理解科技加速器的内涵和特征。

（2）理解科技加速器能够为初创企业提供的服务。

（3）学习和研讨如何利用创业加速器。

三、启发思考题

1. 科技企业加速器与孵化器有什么区别？设置加速器需要具备哪些条件？

2. 请分析同类型国外优秀的加速器，说明经营一个加速器需要具备怎样的资源和能力？

3. 创业企业为什么要进入加速器，如果你是创业者，你准备怎样利用加速器的服务？

四、参考文献

[1] 漕河泾创业中心. 中心简介——关于我们——漕河泾创业中心, 漕河泾创业中心[EB/OL]. 2017, http：//www.caohejingibi.com/zh-cn/about/center.shtml

[2] 曲琳. 比美国车库孵化器, 欧洲兵营孵化器更酷的是中国农舍孵化器, 27年前漕河泾出品[EB/OL]. (2015-11-18). 创业邦, http：//www.cyzone.cn/a/20151118/284009.html

[3] 漕河泾创业中心. 科技创新企业的摇篮——记漕河泾开发区科技创业中心[EB/OL]. (2007-07-18). http：//www.caohejingibi.com/zh-cn/

about/media/2007_07_18_2586.shtml

[4] 陈鹏庭.申城大学生创新创业园启动[N/OL].青年报,(2009-04-10). http://news.163.com/09/0410/04/56GS9QHC0001124J.html

[5] 周蕊.创业"保姆"、新型学徒制都是啥 青年"花式"就业创业渐成热门[N/OL].中国劳动保障报,(2017-06-01). http://www.lm.gov.cn/InnovateAndServices/content/2017-06/01/content_1326073.htm

[6] 漕河泾创业中心."孵化"培育高新企业"金蛋蛋"——记上海漕河泾科技创业中心[N/OL].(2006-05-01). http://www.caohejingibi.com/zh-cn/about/media/2006_05_01_2581.shtml

[7] 叶赟.探索孵化器服务手段"微创新"[N/OL].劳动报,(2014-11-10). http://www.labour-daily.cn/ldb/node41/node2151/20141110/n40846/n40858/u1ai211630.html

[8] 徐汇报.漕开发打造孵化器项目引进机制[EB/OL].上海市徐汇区人民政府,(2014-03-26). http://www.xh.sh.cn/H/news/viewair/2014-03-26/Detail_118549.htm

[9] 杨金志.上海漕河泾开发区:"创新达人"和"隐形冠军"是怎样诞生的[EB/OL].新华网,(2013-12-26). http://money.163.com/13/1226/17/9H1P12OJ00254TI5.html

[10] 华政.变"房东"为创业共同体 漕河泾开发区推出"服务入股"全新模式[EB/OL].新华网,(2015-06-12). http://news.xinhuanet.com/local/2015-06/12/c_127908295.htm

[11] 王婧.创业道理上,创业者并不孤单[N/OL].新闻晨报,(2015-05-18). http://tech.sina.com.cn/i/2015-05-08/doc-iawzuney5155169.shtml

[12] 漕河泾创业中心.入驻—双创服务—漕河泾创业中心[EB/OL].2017,http://www.caohejingibi.cn/zh-cn/service/enter.shtml

第五部分
教学手册示例

"'考霸':冉冉升起的校园之星"案例教学手册

一、案例分析思路

随着科技的不断进步和发展,创新逐渐成为推动经济的关键因素。在市场增长疲软、就业压力日趋严重的形势下,国家积极鼓励有想法有能力的待业人员进行创业并给予政策性指导与支持,尤其是受过良好教育的大学生。目前大多数高校也都把创业教育提到日程上来,对在校生进行创业方面的培训与指导,提升大学生的创业思维和能力。与此同时,校园里一些有创造力和执行力的学生凭着对创业的热情,已经步入了创业的道路。"考霸"就是众多创业项目中的一个,纵观"考霸"项目的成立与发展,可以为高校创业教育提供素材并对其他创业项目具有一定的指导和借鉴意义。

针对学生创业项目,关注点应至少包括学生和创业两个方面。创业管理有其自身的特殊性,在管理实践方面与传统企业管理有着明显的区别,主要研究企业管理层如何延续注入创业精神和创新活力,增强企业的战略管理柔性和竞争优势[1]。而当学生作为创业主体时,创业管理又表现出有利有弊的两面性:一方面大学生有着年轻的血液、蓬勃的朝气,有着较为系统的理论知识储备,紧跟时代发展潮流,对未来充满希望,敢于挑战传统观念和传统行业,富有创新精神;另一方面大学生缺乏一定的社会经验,对市场的把握不够精确,面对创业过程中的困难甚至失败会很难排解,管理实践经验不足,吸引投资人的能力有限等[2]。

"考霸"作为典型的学生创业项目,根据其发展历程可从以下3个角度进行学习分析:

---

[1] "创业管理",(2015-08-02),http://baike.so.com/doc/5494800-5732712.html。
[2] "大学生创业",sorry5210,(2016-08-26),http://baike.so.com/doc/5025330-5251360.html

第一,对创业及创业动机的学习及理解:引导学生从理论方面分析创业及创业动机的内涵,并结合案例进行具体分析;

第二,创业过程中关键问题的理解:结合案例分析"考霸"的产品模型、企业文化,加深对理论的理解并鼓励学生提出合理的建议;

第三,对创业者特质的理解:结合案例,分析"考霸"创始人在项目不同阶段的心智表现,总结优秀创业者所应具备的特质。

二、课前阅读建议

王雪冬,董大海,孟佳佳.商业模式创新中企业家心智模式演化过程研究[J].管理世界,2016.

(该文章对企业家心智模式的演化过程和子模式进行了详细的介绍,并与商业模式创新相结合,有助于分析本案例第4个问题。)

三、理论依据与分析

1. 创业动机很大程度上决定着创业的成败与否,结合"考霸"案例,理解创业及创业动机的内涵并分析王想想的创业动机及其作用。

理论方面,创业是创业者对自己拥有的资源或通过努力能够拥有的资源进行优化整合,从而创造出更大经济或社会价值的过程①。创业动机是指引起和维持个体从事创业活动,并使活动朝向某些目标的内部动力,它是鼓励和引导个体为实现创业成功而行动的内在力量。大学生进行创业的动机主要包括四种:生存需要(解决经济负担)、积累需要(增加实践经验)、自我实现需要(对成功实现目标的渴望)、就业需要(缓解就业压力)②。

结合案例的描述,王想想创业的想法源于考试复习的实践。通过对身

---

① "创业",汁缘 messi,(2016-12-16),http://baike.so.com/doc/5366934-5602678.html

② "创业动机",2w2q2w2q,(2012-12-19),http://baike.so.com/doc/5067918-5295404.html

边同学朋友的观察和沟通,王想想发现复习资料在学生中有很大的"市场",最初产生建立一个平台分享资料只是为了帮助同学和充分利用资源。决定把这个想法做成创业项目,更深层的原因在于王想想充实自我,以及自我实现的需要,无形中也会受到家人创业精神的影响。因此,王想想的创业动力可以归为积累需要和自我实现需要。

这两种创业动机相比生存需要和就业需要,属于更深层次的动机。根据奥尔德弗(Alderfer)的 ERG 理论,人的需求分为生存、相互关系和成长,积累需要和自我实现需要属于较高层次的相互关系和成长需求,心理学方面可以认为较高层次的需求会对应更强的内在动机,在实现需求的过程中,主体会表现出更为积极、热情和坚持的态度。王想想对项目有着高涨的热情,在遇到困难时尽管极度煎熬也不轻易放弃,每天工作学习时间高达 18 小时仍然精力充沛活力满满,后来整个团队都对项目有着浓厚的热情,这些与王想想一开始积累需要和自我实现的需要是密不可分的。因此,较高层次的创业动机将对项目长期发展产生较大的正面作用。

2. "考霸"的商业模式是什么?在设计产品原型时应考虑哪些因素?

商业模式是一种包含了一系列要素及其关系的概念性工具,用以阐明某个特定实体的商业逻辑。它描述了公司所能为客户提供的价值以及公司的内部结构、合作伙伴网络和关系资本(Relationship Capital)等用以实现(创造、推销和交付)这一价值并产生可持续盈利收入的要素。商业模式属于创业者创意,而商业创意来自机会的丰富和逻辑化,并有可能最终演变为商业模式。其形成的逻辑是:机会是经由创造性资源组合传递更明确的市场需求的可能性,是未明确的市场需求或者未被利用的资源或者能力①。在确定商业模式时,企业关注点的核心在于如何满足市场需求和配置资源。

"考霸"将自身定位于校内学习社交平台,主要目标人群为"学霸""学渣"和老师,次要目标人群为校外教育机构和其他用户。"考霸"的商业模式

---

① "商业模式", dqzmjx, (2015 - 11 - 29), http://baike.so.com/doc/5383475 - 5619870.html

是：通过"考霸"平台为目标人群提高各自所需资源，实现资源与需求的互换，与此同时和教育机构及广告主等通过合作实现盈利，后期计划通过会员服务和衍生品服务等实现盈利。具体的资源需求互换是"学渣"用自身的财富值(资源)和"学霸"的资料(需求)进行交换，这时"学霸"也通过自己的资料(资源)换取了财富值(需求)；在拥有用户群的基础上，"考霸"平台通过为教育机构和广告主进行宣传和导流实现自身盈利。后期将通过会员服务、衍生品服务、数据收入等途径实现盈利。

在设计产品原型时，需要对市场需求和自身资源进行综合考虑，并分析该方案的可行性。"考霸"项目在进行产品原型设计时应该分析目标群体的需求、如何获得资源以满足目标群体的需求、自身所具备的资源及所需要的资源等。具体到项目学习社交平台的定位，"考霸"项目应满足在校学生对于复习资料、考试信息、学习相关资源、在校生活讯息及实习、留学信息等需求，获取这些资源则需要团队精准及时的信息捕捉能力。落实到信息的发布推广，还需要团队相应的技术支持、有特色的信息传达技巧及信息推广方式。

3. 企业文化的内涵和意义是什么？"考霸"是如何进行企业文化建设的？

企业文化是企业为解决生存和发展的问题而树立形成的，被组织成员认为有效而共享，并共同遵循的基本信念和认知。企业文化集中体现了一个企业经营管理的核心主张，以及由此产生的组织行为。一般而言，企业文化建设的内容主要包括四个层次：一是物质层文化，即产品和各种物质设施等构成的器物文化。企业生产的产品和提供的服务是企业生产经营的成果，是物质文化的首要内容；另外，企业的生产环境、企业容貌、企业建筑、企业广告、产品包装与设计等也构成企业物质文化的重要内容；二是行为层文化，即员工在生产经营及学习娱乐活动中产生的活动文化，具体而言包括企业经营、教育宣传、人际关系活动、文娱体育活动中产生的文化现象；三是制度层文化，主要包括企业领导体制、企业组织机构和企业管理制度三个方面。企业制度文化是企业为实现自身目标对员工的行为给予一定限制的文化，它具有共性和强有力的行为规范的要求，规范着企业的每一个人；四是核心层的精神文化，指企业生产经营过程中，受一定的社会文化背景、意识形态影响而长期形成的一种精神成果和文化观念，包括企业精神、企业经营哲学、企业道德、企业价值观念、企业风貌等内容，是企业意识形态的总和。

企业文化在企业的经营发展中起着不可忽视的作用。通常企业文化具有导向、凝聚、规范、激励四种基本作用。企业文化可以通过传播一种观念来解决员工感情、情绪、态度等方面的问题；通过提高员工认同感从而凝聚人心，增强员工的归属感，同时拆除部门壁垒，降低协作成本，把企业整合为一个统一的协调的整体；通过相关准则、条文的约定规范员工行为、运营流程等；通过塑造模范、榜样及荣辱观，减少物质激励、制度规范监督所必须付出的高昂费用，降低管理成本。

"考霸"的文化建设可谓体现在项目的方方面面。在物质层文化方面，"考霸"致力于提供完善的学习信息服务；行为层文化方面，王想想很注重项目在每一次宣传中的形象，并积极组织各种团建活动，增强团队的凝聚力和活力；制度层文化方面，尽管只是不成文的约定，"考霸"团队对于约定的行为准则、决策权限分配、职能分配等方面有着较高的认可度，形成了"考霸"的制度层文化；而精神文化则依托于团队所处的背景环境，由于团队成员年龄相仿，有着相似的教育背景，经过长期的相处和合作，逐渐在团队中形成了充满活力、热情、负责、坚持的团队风貌。王想想也通过自身的示范和能力，给团队带来积极向上的精神。

4. 随着企业的发展，创始人也会不断地成长。结合案例，分析王想想在"考霸"不同阶段的心智模式（认识客观世界的"模型"）和变化，并总结一个优秀创业者所应具备的特质。

心智模式是指根深蒂固存在于人们心中，影响人们如何理解这个世界（包括我们自己、他人、组织和整个世界），以及如何采取行动的诸多假设、成见、逻辑、规则，甚至图像、印象等。从本质上看，心智模式是人们在大脑中构建起来的认知外部现实世界的"模型",它会影响人们的观察、思考及行动。心智模式在不同的个人、人群、团体及组织中有不同的特点。就管理者来说,管理者个体的心智模式,由于个人的文化层次、认知水平、个性心理及社会经历的不同,具有复杂的特性,但也有共同的方面;而管理层团体的心智模式,在一定的社会经济条件和文化背景下,主要具有相对的一致性,同时也存在差异。虽然个人的心智模式隐而不见且具有自我增强的特性,常常会形成思维定式,但外界环境的变化及个人有意识的改善会是自身的心智模式逐渐发生变化以更好地适应外界环境和自身发展。

有研究表明,商业模式创新情境下企业家心智模式的演化过程主要包括"自我解构状态""同理转念状态""自我造梦状态""升维布局状态""自我更新状态"五种状态,而这五种心智模式状态的递进组合形成了企业级("自我解构状态""同理转念状态""自我造梦状态")、行业级("自我解构状态""同理转念状态""自我造梦状态""升维布局状态")、事业级("自我解构状态""同理转念状态""自我造梦状态""升维布局状态""自我更新状态")心智模式演化子过程。这三个心智模式演化子过程的递进组合最终形成了商业模式创新中企业家的心智模式演化过程,而这一过程同时是企业家对立统一思维方式交织变动的过程,是企业家心智格局逐步放大、心智范围逐步拓宽的过程,是与企业商业模式创新协同互动的过程[①]。

结合案例,可以发现王想想随着项目的进展也在不断成长,心智模式也逐渐变得成熟。在项目初创时期,王想想在学习实践中发现了自己收集资料的价值,并希望能做成一件事情来充实大学生活,重新定义自己,属于"自我解构状态";在设计产品原型和梳理产品脉络的过程中,王想想从客户的角度出发,重新定义了客户,属于"同理转念状态";在项目度过危机继续发展的阶段,王想想对团队的准则、制度、文化等各方面都有了新的认识,对

---

① 王雪冬,董大海,孟佳佳.商业模式创新中企业家心智模式演化过程研究[J].管理世界,2016.

企业有了重新定义,并着手进行向宝山的拓展,显示出其高昂的商业雄心,属于"自我造梦状态";而"升维布局状态"是在前三者基本实现的基础上发展递进的,突破企业自身的发展,站在其他行业的高度上拓宽心智格局和战略视野,最终重新定义行业。目前"考霸"发展仍局限于完善与拓展上,相应地王想想的心智模式也处于"自我造梦状态",项目的发展状况还未表现出对"升维布局状态"和"自我更新状态"的需要。因此,在心智模式演化的三个子过程中,王想想属于企业级心智模式。

  优秀创业者的特质(开放式问题,可鼓励学生发散思维,从不同角度给出答案和原因):结合本案例,一个创业者要想获得成功,须有敏锐的洞察力、良好的交际能力、一定的管理和领导能力、学习能力以及王想想所说的"眼光、胸怀、坚持"。

"适应中美环境,创造独特优势"案例教学手册

一、分析思路

瑞典乌普萨拉大学的学者在20世纪70年代首先提出阶段式国际化模式,认为企业出口往往先选择一个心理距离较近的市场,然后再向心理距离较远的市场发展。自20世纪90年代以来,经济全球化的趋势越来越明显,大量研究显示越来越多的中小企业在刚刚成立几年之内就开始在全球范围内进行资源的整合和配置以发展新的竞争优势。案例中的创业者具有一定的先天优势,比如家庭本身从事工商业,具有创业的初始资本,但值得学习的是,案例中的创业者充分发挥了自己的专业特长,利用工商管理知识实现了创业,总结起来包括:

(1) 在留学过程中,把精力集中在发现创业机会并实现创业。

(2) 充分发挥了自身优势,使得自己的企业具备一定的不可复制性和不可模仿性。

(3) 具备全球视野带来的创业思路的不同,这一点可以与众多国内创业企业比较。

在教学中,本案例的分析思路:

(1) 首先请同学们讨论,作为工商管理、国际贸易的学生,在学习到管理的全球环境、战略管理和创业管理这些知识时,在具体实践中有哪些作用?

(2) 其次讨论案例中的相关问题,理解天生国际化的相关知识点。

(3) 最后进行总结,期待同学们思考:全球环境分析的意义是什么?全球视野的创业者与本土视野的创业者有什么不同?全球化企业应当如何构建自己的组织能力?为什么这一能力是稀缺的,难以复制的?

二、课前阅读建议

1. 陈曦,胡左浩,赵平.我国的天生国际化企业特征与驱动力探寻——基于对江浙地区的四家中小型企业的跨案例比较研究[J].中国软科学,2009(4):125-140.

(说明:本文是一篇对天生国际化企业的案例研究论文,总结了天生国际化企业的特征与驱动力。阅读本文有助于学生对于案例主人公的天生国际化企业有更深入的了解,并能够以更为宽广的视野来分析案例中的问题。)

2. Harveston P D, Kedia B L, Davis P S. Internationalization of Born of Born Global and Gradual Globalizing Firms: the impact of the Manager[J]. Journal of Competitiveness Studies, 2000, 8(1):278-286.

(说明:本文较为短小,目的在于引发思考,创业者个人特征对于创业企业采取天生国际化的影响。这篇文章有助于学生思考管理者的个人特质对于企业行为的影响,有利于学生深入展开讨论。)

三、理论依据与分析

1. 案例中的企业国际化路径是怎样的,举出一个企业国际化的路径,说明两者的异同。

教师引导学生首先讨论国际化路径,先请大家列举周边企业国际化的路径,这一部分讨论要自然地引导大家对比一般企业的国际化路径以及案例企业的国际化路径。

教师总结国际化路径的一般特征,并且介绍相关理论:

在天生国际化企业出现之前,学术界一直推崇阶段国际化模式。典型的模式为:

(1)国内营销。

(2)出口前阶段,这一阶段开始初步分析国际市场。

（3）实验性出口，这一阶段尝试小规模的出口以及试错性的国际市场营销。

（4）积极卷入阶段，这一阶段开始在海外市场扩展投资。

（5）全面国际化阶段，从全球视角建立国际化营销战略。

但是这种阶段论招到质疑，理由包括：

认为试图仅用这一种理论解释林林总总的企业国际化过程是否太过于绝对。

实践中企业不一定按阶段论，如 Turnbull(1987)的研究表明许多英国中小出口企业在其国际化进程中并不遵循传统的阶段国际化模式，而是跳跃式发展。

发现一些企业的创业者从设立公司开始就把世界看成他们的市场，而不考虑市场的心理距离。如 Rennie(1993)对澳大利亚企业进行案例研究。

在总结同学的观点时，教师应该说明为什么要出现一个专门的名词，来说明企业的国际化进程：

所谓天生国际化企业是指那些刚成立或成立不久就快速进行国际化的中小企业，它们在刚刚成立几年之内就主动利用现有资源开拓海外市场，寻求和获得竞争优势，瞄准国际市场主动采取措施实现海外市场销售占其全部销售收入相当大比重，它们的出口前准备活动时段相当短，国际化过程根本不遵循阶段国际化模式，而是以一种完全不同以往的新型国际化模式出现。

2. 案例中创业者个人具有怎样的特征？请根据创业者自身的专业特征来分析个人特质与天生国际化创业企业之间的关系。

在听取学生的分析后，教师先简要总结案例中创业者个人特征以及其专业特征与企业的关系。

进一步，教师可以继续介绍以下观点：

Chetty 和 Hunt(2004)发现天生国际化企业相对于传统国际化企业在以下 10 个方面具有其独特性：

（1）天生国际化企业以海外市场为重点。

（2）创业者在相关海外市场具有广泛的经验。

（3）国际化的程度高且国际化的步伐快。

（4）国际市场的开拓与心理距离不相关。

（5）有关国际化方面的快速学习能力。

（6）认为快速和完全的国际化是企业获得价值优势的需要。

（7）集中产品/市场范围以便用专业化产品投入间隙市场。

（8）积极利用信息和沟通技术。

（9）快速形成外部合作关系网络。

（10）在企业设立之初就积极开展出口业务。

教师邀请同学们讨论案例中主人公的专业特征与以上理论观点的关系。

3. 创业者应该怎样做才能建立自己的全球化组织能力？

讨论这一问题的前提是：如果越来越多的海归、留学生，甚至国内传统企业开始采用相类似的商业模式，那么案例中的企业怎样才能持续发展，避免陷入"红海"竞争中？

教师需要对于目前传统企业产能过剩的状况做一简单回顾。

接着介绍全球化组织能力的基本内容：

一个全球化能力指的是企业在全球范围内整合、协调和全面利用全球资源和商业机会的能力。在案例中，尽管有所介绍，但这一点的表现很难得到有效评估。但是案例中比较详细地介绍了企业的组织状况和人员配置。因此，教师应当进一步介绍全球化组织能力：

全球化组织能力的核心是人，特别重要的是如何利用来自国家的人才和能力。

全球化组织能力具有三个支柱，分别是：全球化人才，全球化治理和全球化心智模式。教师可以列举海尔、联想、三星等企业的全球化组织能力的例子。

可以预见,随着公司在全球范围内扩张,如何做好以上三个方面的工作将是案例企业能否建立核心能力,能否与其他竞争者区隔开来的重要特征。

4. 对于案例中的创业者,理解国际环境对他产生怎样的影响?

教师引导学生考虑,天生国际化创业者与本土创业逐步实现国际化的创业者的区别。首先介绍理论背景:March and Simon 提出,异质性的决策者影响公司的战略选择,每个决策都反映了她或他自身的特征、价值观和原则。创业者的经历、特点会影响他走向国际化的过程。

在总结影响时,这种影响可能表现在:

(1) 心理距离。对于天生国际化创业者而言,国际市场与自己企业的在心理上的距离更近。而那些本土创业者往往把国际市场当作一个遥远的市场。

(2) 国际经验。天生国际化创业者比那些逐步实现国际化的创业者更加富有国际化经验。

(3) 风险容忍。天生国际化创业者比较那些逐步实现创业的人的风险容忍程度更高。

四、关键要点

1. 让学生了解创业者如何在自己的学习工作经历中发现和建构天生国际化企业,强调创业者专业和经历与其最终创业选择国际化路径的关系,理解现实中创业者是如何发挥自身优势实现创业。

2. 理解如何应用来自研究论文或"创业管理""管理的全球环境""战略管理"中的理论知识如何能够帮助同学理解具有全球视野的天生国际化创业者与逐步实现国际化创业者的区别。

3. 理解全球组织能力,使得学生理解为什么全球组织能力是难以复制的能力。

"美丽产业的艰难开拓"案例教学手册

一、分析思路

创业的核心是创业机会。那么创业机会从何而来?这个问题至今尚无定论,需要更多的学科交叉来进一步研究阐明。根据现有的文献,学术界长期以来认为创业机会是被识别与发现出来的。但是,创业的客观环境近年来发生了很大的变化,创业机会可以是被发现出来的,也可以是被构建出来的。每个创业者在发现创业机会时,都需要分析外部环境和内部资源特征。创业者自身的经验、知识、社会关系网络以及所拥有的资源在很大程度上影响创业者发现机会。

1. 对于服务行业的创业者而言,由于受到资源和能力的限制(这一点可以从创业者的背景和其领导的团队中发现),都面临着具体困难,但总结起来包括:

(1) 在发现市场机会后如何建立自己的服务品牌和服务标准?

(2) 选择怎样的创业伙伴是合适的?如何处理好与合伙人的关系?

(3) 如何在服务行业的竞争中凸显自己的地位?

2. 在教学中,本案例的分析思路:

(1) 对于创业机会的理解:请学生们将什么是创业机会,为什么发现创业机会是创业的核心?为什么能够发现创业机会是创业者最重要的能力?

(2) 角色模拟:请同学们在上课前观察一家美容院或者医疗美容机构,设想如果自己开一家美容机构需要整合怎样的资源?

(3) 行业分析:讨论服务行业的竞争特点,如何根据行业特征来发现进一步的发展战略。

二、课前阅读建议

1. 斯晓夫,王颂,傅颖. 创业机会从何而来:发现,构建还是发现+构建?——创业机会的理论前沿研究[J]. 管理世界,2016,270(3):115-127.

(说明:本文是一篇综述性创业机会理论型研究论文,总结了创业者如何发现和构建创业机会。阅读本文有助于学生对于案例主人公如何发现创业机会提出见解。)

2. 季琦. 服务行业最适合创业[J]. 名人传记:财富人物,2014(6):79-82.

(说明:在众多论述服务行业创业的评述中,本文通过成功的服务企业创业实践来说明服务行业的发展战略,这篇文章有助于学生很快对于服务产业的最佳实践形成认识,有利于学生的展开讨论。)

三、理论依据与分析

1. 案例中创业者是怎样发现这个创业机会的?请根据创业者自身的专业特征来分析她的个人特质与这个创业机会之间的关系,为什么她能够发现这个机会?

教师引导学生首先讨论机会,先请大家列举周边创业者发现的机会是什么。

教师总结什么是创业机会,并且介绍相关理论:

所谓创业机会是指形成新的手段、新的目标或者新的手段与目标的关系,以达到引入新产品、新服务、新原材料、新的组织方式的可能性。

大量研究从资源、制度、环境、认知等视角来探究创业者如何发现或者识别创业机会。

有关创业机会的发现,两种基本思路:一种认为,创业机会存在于客观环境,由慧眼独具的创业者发现。例如,微软就是在大型计算机统治的时代发现了小型计算机的市场机会。创业者发现创业机会就好像科学家通过科学实验得到新的发现。

另一种则认为,某些创业机会出现的原因不是因为环境的外生性,而是创业者在实践中不断地思考他们所进行的实践的能力以及创业者创造性想象的能力。例如,阿里巴巴让天下没有难做的生意。

另外,近年来开始涌现出一种新思路,即发现和构建。比如,共享单车的创业机会。在市场环境中确实存在着出行"最后一公里"的需求。ofo 和摩拜单车的创业,他们更多的是体现为创业者的观察和资源整合的基础上创造出了新的商业机会,即这种创业机会是由创业者发现和构建的。

教师可以请同学们从以上 3 种思路中来分析案例中创业者是如何发现创业机会的?她更接近于哪一种类型?

在总结同学的观点时,对于案例中的创业者,教师应当首先强调其各自职业经历和背景。教师通过引导学生思考所谓"创业机会"的内涵。

首先,市场环境中确实存在着未被满足的需求。

其次,能够依据未满足的需求来整合各方资源。

第三,能够付诸实施。

通过以上讨论,教师引导学生对于创业机会有一个全面深刻的认识。帮助学生克服只有一个想法就认为是一个机会的认知缺点。

2. 创业者在创业过程中面临着怎样的困难,她是如何应对的,是否能够提出更好的应对方式?

对于这一问题的讨论是要同学们注意到创业者需要具备的完整系统的思考能力,与普通打工者的区别。

教师可以通过这一问题作为引导:

(1) 设想你是这家公司的员工(案例中有介绍),你在工作中最关心的问题是什么?教师可罗列出作为员工关注的焦点:顾客、工资、住房、培训、工作环境、技术学习、职业未来发展。

(2) 现在如果你是创业者,你在工作中最关心什么?遇到的困难是什么?教师可罗列出创业者关注的焦点:美容店选址、美容店的技术设备、美容店的员工以及企业文化,创业资金来源和工资发放,好的合作伙伴等等。

(3) 教师可罗列出创业者面临的实际困难:

① 在发现市场机会后如何建立自己的服务品牌和服务标准?

② 选择怎样的创业伙伴是合适的? 如何处理好与合伙人的关系?

③ 如何在越来越激烈的竞争中找到自己的定位?

面对这些困难,创业者有没有更好的应对方式? 这一问题是开放式问题,目的是通过分析单个问题,要求学生对于创业者面对的问题有一个较为全面系统的认识。

教师最后总结创业者的特征:帮助学生能够全面认识创业所要遇到的问题。

3. 服务行业创业会有哪些优势和劣势? 创业者应该怎样做才能建立自己的核心能力?

这一问题目的在于让学生对于案例中创业者选择的产业属性有更加深入的了解。增强学生利用现有案例知识深入分析产业趋势的能力。教师可提供市场营销中服务营销和服务品牌的内容。首先注意到服务具有的三点特征:无形性,不可储存性和所有权不可转移性。

(1) 美容服务行业可能的优势包括:

① 由于人口因素和经济发展因素,服务业市场发展空间巨大。

随着"中国制造"将广大中国人民从"温饱"带向"小康",服务业的巨大空间显现出来。目前城市化人口超过 3 亿人,跟美国整个国家的人口差不多。未来中国城市化将达到 50% 以上,城市人口将会超过 6 亿人。这些人口基数形成了全球最大的消费大国,这群人的消费将会带动世界上最大的服务业产业链。季琦在 2008 年提出来的"中国服务"概念。

② 由于行业特性,女性创业者在这一行业更容易成功。

③ 行业进入门槛较低,对于早期进入者而言,比较容易低成本进入。

④ 由于目标市场的特性,顾客对于服务品质的需求超过对于低价格的需求。

(2) 美容服务行业的劣势包括：

① 大量企业进入后，会产生激烈的同质化竞争。

② 受到行业政策以及监管的影响会越来越大。

③ 美容服务企业普遍规模较小，难以扩张规模。

4. 创业者如何建立自己的核心能力？

这一问题结合服务营销的内容可以分解为：

（1）如何做一个服务品牌。现有低成本的服务品牌方式在于如何在网络上树立良好的形象。

（2）如何形成一个良好的服务标准和服务文化。

（3）如何进行规模扩张，建立体验店等。

这一问题的讨论要让学生深刻理解服务企业创业要想成功地达到一定规模所必须具备的资源和能力条件，理解案例中企业面临的真正难题：艰难开拓。同时，重新思考这一创业机会。对比学生在思考这一问题后，如何再次看待创业机会时发生的变化。

四、关键要点

1. 让学生了解创业者如何发现和建构商业机会，强调创业者发现需求、整合资源和具体执行的关系，理解现实中创业者把握创业机会的方式。

2. 理解如何应用来自研究论文或"创业管理""市场营销""战略管理"中的理论知识来帮助创业者更加系统全面地理解创业中遇到的问题。

3. 理解美容行业的产业特性，使得学生理解服务本身的特性，以及明确中小企业在服务行业中持续发展需要具备的条件和能力。

"'校园帮圈'的求生之路"案例教学手册

一、案例结构

本案例以时间为脉络展现了"校园帮圈"的。引言部分介绍了中国当下大学生创业热的大环境以及所面临的问题;第一部分描写的是费凡创业想法诞生的原因,和创业初期所遇到的团队动荡问题;第二部分描述了人员稳定之后,公司探索新的商业模式和寻找融资的过程;最后一部分讲述了费凡是如何进行市场开拓以及公司未来的发展规划。

二、案例讨论参考要点

1. 你认为"校园帮圈"的创始人费凡具有哪些创业能力?

可以从创业者的专业能力、方法能力和社会能力这三个方面分析。专业能力包括创办企业中主要职业岗位的能力以及接受和理解与所办企业经营方向有关的新技术的能力。费凡的专业能力培养主要来自学校开设的创业课程,与多数的大学生或者创业者不同,他在接触创业课程的同时投入到了创业项目中去,这样可以针对性地知道自己在创业方面知识的欠缺并做及时补充。方法能力包括实践能力、发现和使用人才的能力、筹集资金与投资的能力等等。费凡从没有任何团队管理经验到现在形成了一套自己的管理理念,以及在寻找投资人的过程中,从一开始的到处碰壁到现在逐渐取得投资人的信任,充分展现了他的方法能力。社会能力包括人际交往能力、适应变化和承受挫折的能力以及谈判能力等等。面对学业与创业冲突,项目持续亏损的压力时,费凡都能很好地消化并找到合适的解决办法,在寻找合作伙伴、投资人的过程中少不了交际和谈判的技巧。

2. 作为创业者,费凡从决定创业到"校园帮圈"APP上线的过程中,他的思维方式和自我认知发生了哪些变化？这些变化对于他的决策有什么影响？

企业家的思维方式和自我认知统称为企业家的心智模式，在企业经营活动中，固有的心智模式可能会造成对客观世界的曲解，进而会造成决策错误，带来行动的失败。[①] 因此，企业家的心智模式对企业发展的作用不可忽视。商业模式创新情境下，企业家的心智模式演化包括"自我解构状态""同理转念状态""自我造梦状态""升维布局状态""自我更新状态"这五种状态，这五种心智模式状态的递进组合形成了企业级、行业级、事业级心智模式演化子过程。

在创业初期，费凡因为学长的关系加入创业团队，当时对于项目的开发还不是十分感兴趣，后来随着越来越深入的接触以及受到学院创业课程的感染，费凡决定了要将这个项目做下去，在分析了创业与学业的矛盾与冲突之后，费凡选择暂时'休学以全心投入到创业中。接着在寻找创业合作伙伴的过程中，一开始面对团队矛盾时费凡想利用自己的身份严格要求他人，但是造成了合伙人的分道扬镳，在冷静分析了原因之后他很快形成了自己的管理理念，比如说"今日事，今日毕"、言而必行、员工的利益在公司的利益之上等，可以说这一阶段费凡进入了心智模式的自我解构状态，在这个阶段作决策时，他冷静地评估了当下的自己所存在的问题，并为这些问题找到合适的解决方法。

在寻找合适的商业模式过程中，费凡的心智模式进入到了同理转念状态。"印+"打印业务相比于传统的校园打印店，虽然节省了客户去门店的时间，解决传统门店高峰时期排队等候的缺点，但是让客户定点来取成为限制项目发展的最大瓶颈。在进行了市场分析之后，费凡决定转换模式，让有空闲时间的大学生成为自己的物流主力，解决了送货上门的难题。在这一决策过程中，费凡做到了从客户的需求出发，真正地去解决客

[①] 吴子稳，胡长深.企业家心智模式形成及其对企业发展的影响[J].华东经济管理，2007(01).

户需求。

在市场开拓的过程中,费凡在寻找校园代理的时候没有收取一分钱的加盟费,并且为加盟者提供技术指导,以此激发他们的热情去开拓目标市场,可以说这个阶段他的心智模式进入到了自我造梦状态,这个阶段的他对企业有了一个新的认识和希望,并且将这种希望传递给"校园帮圈"APP的代理人。

由此可见,在公司的发展过程中,费凡的心智模式经历了从自我解构到同理转念再到自我造梦这一动态的过程,每个阶段的心智模式都直接决定了他的决策,但是这一过程只是停留在企业级的心智模式演化,并没有形成对所在行业甚至是跨行业的战略性思考,这可能也是限制公司进一步发展壮大的原因之一。

3. "校园帮圈"的融资模式是否有效?结合案例谈谈大学生创业者在融资过程中会遇到哪些问题以及解决方案?

案例中费凡主要通过以下几种方式进行融资:一是内部融资,这是"校园帮圈"第一步采用的融资渠道,由创业合伙人根据自己的意愿和经济能力出资,这对没有资金来源的初创公司来说非常重要,因为关系到项目能否进一步开发,但是通常数目不大,只能缓解一下公司的燃眉之急。二是参加比赛,项目成立的一年多来,费凡带着他的团队参加了大大小小数十次比赛。一方面,比赛除了可以让他们的项目取长补短,更加完善,更重要的是比赛获奖后的奖金是一个重要的资金来源;但是另一方面,过多地参加比赛会本末倒置,分散了企业和创业团队的时间和精力。三是学校创业中心的资助,高校的创业中心不仅可以资助学生创业项目,而且是连接校园与校外资源的重要桥梁。

大学生创业初期,通常会面临以下几个问题:首先,由于初创企业资产规模小、缺乏业务记录和财务审计,企业信息基本上是封闭的,投资风险很大,因此投资者很少青睐大学生创业项目;其次,大学生创业面临着很大的经营风险,主要有两方面:一是原始资本支出与现金流出,使得企业净现金流量为负数;二是由于大学生缺乏社会经验,新产品开发的成败及未来现金流量的大小具有较大的不确定性,投资风险大。另外,由于大学生的社会关系网络较小,企业没有信用记录,他们很难从金融机构获得商业贷款,从而只能依靠内源融资。

根据上述分析,大学生在创业过程中,首先要健全公司的财务体系,这一块是大学生创业者普遍比较薄弱的,在寻找投资人时不仅要有公司运营的概念和思路,还要有公司未来几年的财务情况,收支情况,给投资者看到真实、可靠的收益趋势;其次,要建立起企业和个人的信用档案数据库,减少金融交易中的信息不对称,降低交易成本;最后,公司要加强内部管理,要拓宽融资渠道,在健全公司财务体系和信用档案之后,内部融资以及小规模的外部资助只能暂时地解决公司的财务问题,为了公司的长远发展,公司必须要增加融资渠道(如银行贷款、债券融资、商业融资等)。

4. 费凡和他的团队采用什么策略进行市场开拓的?初创企业还有哪些市场开拓的渠道?

费凡决定先在上海地区的高校进行 APP 的推广,上海的市场成熟稳定了之后再推广到二三线城市的高校,这种市场开拓的方式可以视为"滚雪球"战略。所谓"滚雪球"战略,就是企业在现有市场的同一地理区域内,采取区域内拓展的方式,在穷尽了一个地区后再向另一个新的区域进军的拓展战略。具体来讲,"校园帮圈"把上海的高校作为企业市场拓展的"根据地"和"大本营",进行精耕细作,把上海高校的市场做大、做强、做深、做透,并成为企业将来进一步拓展的基础和后盾。在"根据地"市场占有了绝对优势和绝对稳固之后,再以此为基地向周边邻近地区逐步滚动推进、渗透,最后达到"星星之火,可以燎原",即占领整个市场的目的。对于初创企业来说,这种战略具有以下几点优势:① 有利于企业降低营销风险;② 有利于保证资源的及时满足;③ 有利于市场的稳步巩固拓展。

除此之外,企业在进行市场开拓时还可以采取:"采蘑菇"战略,即企业在开拓市场是遵循目标市场的"先优后劣"的顺序原则;"保龄球"战略,首先攻占整个目标市场中的某个"关键市场",然后,利用这个"关键市场"的巨大辐射力来影响周边广大的市场,以达到占领大片市场的目的;"农村包围城市"战略,即首先蚕食较易占领的周边市场,积蓄力量,并对重点市场形成包围之势,等到时机成熟时,一举夺取中心市场;"撒网开花"战略,撒网战略是企业在拓展其目标市场时,采用到处撒网,遍地开花,向各个市场同时发动进攻,对各个市场同时占领的方式。

5. 学校的创业教育对于大学生创业有哪些影响?结合实际谈谈如何改进学校的创业教育,更好地引导大学生创业。

首先,学校的创业教育启发了学生的创业思想,将有创新型思维的学生的能力激发出来,引导他们将创新想法转化为自主创业的实践应用;其次,学校的创业中心还是大学生创业者的孵化器,学校的创业中心会为优秀的创业者提供一定的创业初始金以及工作场地等,缓解了大学生创业初期的压力;另外,学校的创业教育还为有创业想法的学生提供了一个很好的平台,学生的社会资源、经济能力都比较薄弱,而学校的创业中心则是一个连接校外资源和大学生创业者的一个桥梁。

为了更好地改进学校的创业教育,培育出更优秀的创业人才,学校可以在以下几个方面进一步深化:① 深化创新创业教育理念,加强创新创业意识。创新创业教育不能以缓解当今社会的就业压力为目的,只是机械地培养学生的创新创业知识与技能,而应该站在社会发展的角度,培养出具有创新创业意识与能力的高素质人才。② 可以建立"双师型"师资队伍,除了学校本身的师资队伍,高校还可以引进一些既有丰富的教学经验又有实践经历的教师。对于社会上的专门人才,高校也可以引入作为兼职教师,为学校注入新鲜血液。③ 构建合理的创新创业课程体系。创新创业课程体系的建立应该是使学生在具备专业知识和技能的基础上,进行一些企业管理、经济学、金融等相关的学习,进行全面的知识拓展。此外,创新创业教育不仅要掌握理论知识,更注重实践能力,因此,学校应该为学生提供各种实践平台以提高学生的创新创业意识与能力。④ 建立合理的创新创业效果评估机制。高校除了建立教育体系,提高师资力量以外,对于创新创业学生的培养应该建立一套自我评估机制,良好的评估机制要针对学生的创新创业活动提出合理的评价指标,每一项活动都要有对应的评价等级。对取得成效的活动,给予学生一定的精神上与物质上的鼓励。

三、理论依据与分析

1. 创业能力

创业主体所拥有的利于创业成功和创业企业成长的技能和能力的综合。关于大学生创业能力的构成,较早提出并得到广泛认同的是蒋乃平的观点。他认为创业是一种高层次的综合能力,可以分解为专业能力、方法能力和社会能力三种能力。① 专业能力是指企业中与经营方向密切相关的主要岗位或岗位群所要求的能力。方法能力是指创业者在创业过程中所需要的工作方法,是创业的基础能力。社会能力是指创业过程中所需要的行为能力,与情商的内涵有许多共同之处,是创业成功的主要保证,是创业的核心能力。②

2. 心智模式

Senge 首先将心智模式概念引入管理学领域,他认为企业家心智模式是"根深蒂固于企业家的心中,关于自身、他人、组织以及世界每一个层面的形象、假设和印象"。简言之,企业家心智模式是企业家本人的思维方式、思维方法和心理素质的概括。③ 商业模式创新情境下,企业家的心智模式演化包括"自我解构状态""同理转念状态""自我造梦状态""升维布局状态""自我更新状态"这五种状态(见表1),这五种心智模式状态的递进组合形成了企业级、行业级、事业级心智模式演化子过程。

---

① 蒋乃平.创业能力包含三类能力[J].职教通讯,1999(3):37-39.
② 高桂娟,苏洋.大学生创业能力的构成:概念与实证[J].高教发展与评估,2013(03).
③ Senge PM. The Fifth Discipline: The Art and Practice of the Learning Organization[M]. New York: Currency Doubleday, 1990.

表 1 心智模式的认知状态、特征及结果

状态	特征	结果
自我解构	企业家冷静、谦卑且自信的评估自己和本企业,打开了自己的心狱,把过去、现在、未来完全放下,感知当下,抛弃已有的定见,让智慧浮现,在心智上重新定义自己的状态	重新定义自己
同理转念	企业家将心智模式的注意力转移到企业外部的客户,站在客户的角度设身处地地分析客户遇到的问题、关心客户的需求,洞察客户的需求,在心智上重新定义客户的状态	重新定义客户
自我造梦	企业家为自己和他人造一个有希望的梦想,是企业家心智上的一种自我激励与自我肯定,在心智上重新定义企业的状态	重新定义企业
升维布局	企业家在心智模式上增加、提升心智维度,拓宽心智格局和战略视野,跳出行业看行业,并组成更多的其他行业或领域的战略维度的思维方式,在心智上重新定义行业的状态	重新定义行业
自我更新	企业家根据自身发展和内外部环境的变化,有节奏的推出和扶植新模式的思维方式,在心底高度和视野上,重新定义自己、企业、客户、行业等状态	重新定义一切

资料来源:王雪冬,董大海,孟佳佳.商业模式创新中企业家心智模式演化过程研究[J].管理世界,2016.

3. 创业融资

融资是指资金的融通。狭义的融资,主要是指资金的融入,也就是通常意义的资金来源,具体是指通过一定的渠道、采用一定的方法、以一定的经济利益付出为代价,从资金持有者手中筹集资金,组织对资金使用者的资金供应,满足资金使用者在经济活动对资金需要的一种经济行为。广义的融资,不仅包括资金的融入,也包括资金的运用,即包括狭义融资和投资两个方面。

融资方式按照其储蓄与投资的关系分为内源融资和外源融资。从企业的角度看,内源融资是指企业经营活动创造的利润和扣除股利后的剩余部分(留存收益)以及经营活动中提取的折旧。外源融资是指企业通过一定方式从外部融入资金用于投资,包括来自金融中介机构的贷款、企业间的商业

信用、通过公开市场或私人市场发行股票、债券和票据等。①

4. 市场开拓

市场开拓指商品生产者以什么样的手段和方法打开市场,提高本企业产品的市场占有率。一般情况下,企业在目标市场开拓过程中有五大典型战略可供选择②:

"滚雪球"战略,即企业在现有市场的同一地理区域内,采取区域内拓展的方式,在穷尽了一个地区后再向另一个新的区域进军的拓展战略。

"保龄球"战略,指企业要占领整个目标市场,首先攻占整个目标市场中的某个"关键市场",然后利用这个"关键市场"的巨大辐射力来影响周边广大的市场,以达到全部占领目标市场的目的。

"采蘑菇"战略,是一种跳跃性的拓展战略,企业开拓目标市场时,通常遵循目标市场"先优后劣"的顺序原则,而不管选择的市场是否邻近。

"农村包围城市"战略,这是先易后难的目标市场开拓战略,对实力尚弱、品牌知名度不是很高的中小企业比较适用。

"遍地开花"战略,是企业在开拓其目标市场时,同时向各个目标市场发动进攻,以达到对各个目标市场同时占领的目标市场开拓战略。

5. 创业教育

创业教育是指通过开发和提高学生创业基本素质和创业能力的教育,使学生具备从事创业实践活动所必需的知识、能力及心理品质。③ 一般来说,创业教育模式可以分为以下几种模式:

"聚集模式"是传统的创业教育模式。在这种模式中,学生经过严格筛选,课程内容呈现出高度系统化和专业化的特征,创业教育所需的师资、经费、课程等都由商学院和管理学院负责,学生严格限定在商学院和管理学院。

---

① 晏文胜.创业融资的机理研究[D].武汉:武汉理工大学,2004:47-52.
② 杨志龙.市场开拓的五大战略[J].中外管理,2002(01).
③ 徐华平.试论我国高校的创业教育[J].中国高教研究,2004(02).

"磁铁模式"的创业教育基于这样一种信念：即非商学院的学生也能从创业教育中获益,具有创造性的创业努力并不仅仅来自商学院学生。

"辐射模式"也是一种全校性的创业教育模式,它的发展机遇这样的一种理念：不仅要创设良好的氛围为非商学专业学生提供创业教育,还应该鼓励教师积极参与创业教育过程。它的实施涉及了管理体制上、师资、经费筹集等各方面的改革。在管理体制上,学校层面成立了创业教育委员会,负责协调和指导全县范围创业教育的开展;所有参与学院负责实质性的创业教育和活动,根据专业特征筹备资金、师资、课程等。[①]

---

① 李楚英,王满四.美国大学创业教育模式及与中国比较[J].高等农业教育,2010(02).

"打造文化符号,体味饕餮盛宴:塔顶泰国时尚餐厅发展之路"案例教学手册

一、分析思路

我国的创业企业型是高成长性和高风险性并存的企业,成立的时间较短,通过案例研究可以了解企业的动态发展过程。这些创业型企业逐渐引入科学的管理思路和方法进行企业内部制度化建设,通过科学的成本管理和控制,利润中心的评价制度设计,利用合理的股权分配制度设计吸引到高素质的管理人员,并且调动核心员工的积极主动性,改变了所有者和经营者之间的关系,形成企业的核心竞争力。案例中的创业者利用自身的经济学和管理学等专业知识储备,充分发挥了自己的专业特长,善于整合相应的人力物力资源,利用工商管理知识结合特色资源实现了创业,总结起来包括:

(1) 在工作过程中,把精力集中在发现创业机会并实现创业。

(2) 科学的企业内部各项管理制度设计。

(3) 餐饮业创业会有哪些特殊的优势和劣势?创业者应该怎样做才能建立自己的核心能力?

在教学中,本案例的分析思路:

(1) 首先请同学们讨论:作为工商管理、国际贸易的学生,在学习到会计学、管理会计、战略管理和财务管理这些知识时,在具体实践中有哪些作用?

(2) 其次讨论案例中的相关问题,理解内部控制和股权结构的相关知识点。

(3) 最后进行总结,期待同学们思考:创业机会如何发现?创业过程中面临的困境和应对方式。学习和研讨餐饮业创业的特征。

二、课前阅读建议

1. 创业型企业股权分配设计与创业团队心理所有权的动态关系研究——基于中国创业型企业的双案例比较分析[J]. 管理评论,2017,29(3):242-260.

（说明：本文是一篇对创业型企业股权分配的案例研究论文,总结了创业型企业发展过程中其股权分配设计如何通过组织内部机制的动态变化影响创业团队心理所有权。阅读本文有助于学生对于案例企业股权结构设计有更深入的了解,并能够以更为宽广的视野来分析案例中的问题。）

2. How should we divide the pie? Equity distribution and its impact on entrepreneurial teams [J]. Journal of Business Venturing. 2015 (30):66-94.

（说明：本文是一篇研究8家创业企业股权分配的案例研究论文,目的在于引发思考,创业团队股权分配动态模型的影响。这篇文章有助于学生思考创业团队成员关系和利润分配的相互关系,有利于学生深入展开讨论。）

三、理论依据与分析

1. 案例中人员组织架构和股权结构的设计模式。

教师引导学生首先讨论一般企业的人员组织架构模式和股权结构的设计模式,企业具有什么样的股权结构对企业的类型、发展以及组织结构的形成都具有重大的意义。因此需要该考虑在股权结构各个组成部分的变动趋势。

当社会环境和科学技术发生变化时,企业股权结构也相应地发生变化。由此,股权结构是一个动态的可塑结构。股权结构的动态变化会导致企业组织结构、经营走向的管理方式的变化,所以,企业实际上是一个动态的、具有弹性的柔性经营组织。

股权结构的形成决定了企业的类型。股权结构中资本、自然资源、技术和知识、市场、管理经验等所占的比重受到科学技术发展和经济全球化的冲击。随着全球网络的形成和新型企业的出现,技术和知识在企业股权结构中所占的比重越来越大。社会的发展最终会由"资本雇佣劳动"走向"劳动雇佣资本"。人力资本在企业中以其独特的身份享有经营成果,与资本拥有者共享剩余索取权。这就是科技力量的巨大威力,它使知识资本成为决定企业命运的最重要的资本。

在世界全球化进程中,人力资本或知识资本的重要性日益凸显,使得传统的"所有权"和"控制权"理念遭到前所未有的挑战,这已成为未来企业管理领域研究的新课题。

股权结构是可以变动的,但是变动的内在动力是科学技术的发展和生产方式的变化,选择好适合企业发展的股权结构对企业来说具有深远意义。

2. 案例中连锁品牌管理的利润中心管理模式。

利润中心是指拥有产品或劳务的生产经营决策权,是既对成本负责又对收入和利润负责的责任中心,它有独立或相对独立的收入和生产经营决策权。

利润中心也称为事业部,或策略性事业单位,通常是指一企业内部存在两个以上可以独立计算盈亏的单位或事业部门。事业部的负责人掌管这个"自给自足的公司",包括产品开发、制造、销售及财务、人事等各项活动。换言之,事业部形同"大公司"里的"小公司",负责人必须对营运的结果——盈或亏,其经营者尚必须对盈亏负责。所以,利润中心亦可称为"责任中心"。

在利润中心,由于管理者没有责任和权力决定该中心资产的投资水平,因而利润就是其唯一的最佳业绩计量标准。但同时这些利润数字水平还需要补充大量短期业绩的非财务指标。采用适当方法计量的利润是判定该中心管理者运用他们所取得的资源和其他投入要素创造价值能力的一个短期指标。在利润中心,管理者具有几乎全部的经营决策权,并可根据利润指标对其作出评价。

教师邀请同学们讨论案例中利润中心特征与以上理论观点的关系。

3. 餐饮行业创业会有哪些特殊的优势和劣势？创业者应该怎样做才能建立自己的核心能力？

这一问题目的在于让学生对于案例中创业者选择的产业属性有更加深入的了解，增强学生利用现有案例知识深入分析产业趋势的能力。教师可提供市场营销中服务营销和服务品牌的内容。

这一问题的讨论要让学生深刻理解服务企业创业要想成功地达到一定规模所必须具备的资源和能力条件，理解案例中企业面临的真正难题：艰难开拓。同时，重新思考这一创业机会。对比学生在思考这一问题后，如何再次看待创业机会时发生的变化。

可以预见，随着公司的不断扩张，充分思考上述问题可以帮助创业企业建立核心能力，是创业企业与其他竞争者区隔开来的重要特征。

4. 企业发展过程中的成本管理和定价策略方法。

教师引导学生考虑，成本管理和定价策略选择决策必须满足企业管理的目标，即股东财富最大化，同时也包括企业的无形资产声誉，甚至企业社会责任。

四、关键要点

1. 让学生了解创业企业的人员组织架构和股权结构等各项科学的内部控制管理制度的设计模式以及如何在自己的学习工作经历中发现创业机会，强调创业者专业和经历与其最终创业选择路径的关系，理解现实中创业者是如何发挥自身优势实现创业。

2. 理解如何应用来自研究论文或"财务管理""管理会计"和"战略管理"中的理论知识如何能够帮助创业者科学管理企业。

3. 理解不同行业的竞争环境，使得学生理解创业企业确立自身核心竞争力的能力。

"新能源创业新秀的新商业模式"案例教学手册

一、分析思路

创业成功的关键在于在恰当的时机有恰当的项目满足了市场的需求。该案例中的创业者有多年外企工作的经验、有很强的自己做一番事业的内在动因,并且有外部强有力的支持——周围的伙伴在技术上的支持,加之国家对新能源领域的政策支持和资金扶持,这些因素都成就本案例中创业者的成功。对高新技术行业也会面临资金、技术、国家政策、市场以及团队的管理等问题:技术市场化的问题、谁来投资的问题、合作伙伴团队的构建问题、运营模式如何在其他地方被复制的问题,如何在众多同类行业中实现企业的可持续发展的问题等。

在教学中,本案例的分析思路:

创业机会是自己创造的还是需要明锐地眼睛去发现?有了创业机会就一定会成功么?结合本案例中创业者二次创业经历为例说明。

高新技术行业(新能源行业)的行业特点及其发展策略:政府的政策会怎样影响该行业的发展和未来走向?

创业 DIY Presentation:请学生查有关高新行业,选取一个自己有意向筹建科技公司的行业进行调研,并提出自己的商业计划,口头以小组为单位进行陈述。

二、课前阅读建议

1. 许洪华. 太阳能光伏发展形势报告[R]. 2013.3.

(可以帮助学生理解太阳能光伏发展形势,尤其是国家的能源政策。)

2. 薛虎圣. 后哥本哈根时代清洁技术产业发展的对策[J]. 全球科技经济瞭望,2010(8).

（说明：本文从全球范围内分析清洁技术未来发展趋势，认为其在中国的发展环境良好，中国有望成为全球最大的清洁技术主流市场，运用金融手段撬动清洁能源发展，这对学生理解案例中的创业者的所从事的行业和未来发展很有帮助。）

3. 刘振华. 创业者特质对新创企业绩效的影响研究[J]. 2007.

三、理论依据与分析

教师引导学生理解创业机会、创业项目、让学生思考本案例中创业者为何开始第二次创业。可以介绍创业机会的相关理论以及如何选择创业项目等。

本案例中创业者的专业背景、外企工作经历、第一次创业失败的经历、个人喜欢接受挑战的特质、社会大趋势（低碳环保）等都是促使他进行二次创业的关键因素。

该案例中的创业者选取的是新能源类高新技术产业作为创业领域，国家在"十一五"时期就提出了"大力发展可再生能源，积极开发利用太阳能"，"十二五"规划纲要中更是把新能源产业列为国家重点培育发展的战略性新兴产业。尽管创业者所在的创业开端国内市场不太成熟，但他很有远见，看到了其在西方国家发展的势头，也敏锐地感觉到国家政策会向此类行业倾斜，该案例中创业者的成功就充分证明了抓住市场的先机首先要明白市场需要什么，对某些敏感行业要有远见卓识，对政府政策要有一定的判断能力，要适时地推出自己的产品。

在创业项目/行业选择时以下几点注意：首先，要仔细熟悉市场，广泛调研，对国内外同行业的现状要有所把握。不要盲目跟风，太热门不见得好，走冷门有时会有意想不到的惊喜。其次，要有正确和先进的项目理念，选择的项目与自己过去的从业经验、技能、特长和兴趣最好有结合，这样就会有内在的持久力，成功的可能性就越大。再次，在创业项目上要有创新或凸显自己产品或项目的新意。选择项目不能用毕其功于一役，应该理性。有时需要经营几年或一段时间才能确定什么是创新企业的最佳产品和服务特色产品。

　　创业者的成功需要很多要素：锐利的眼光（找准行业）、决策力、判断力、观察力、执行力、全面综合的思考能力、管理能力（团队管理）、解决问题的能力等。本案例中的主人公除了具备以上能力外还敢于挑战新事物，具备很强的独立性。坚强的信念是其强大的创业精神支柱——要过不平凡人生，自己要掌控自己的人生的勇气和魄力，要实现自己和伙伴们人生价值的宏伟人生目标。此外，有利的创业环境以及政府的政策倾向也是其创业成功的关键。因此他的创业成功是多种因素使然。

　　创业先期资金比较困难、市场有限（开拓市场、等待市场和国家政策的转机，同时对员工进行精神上的鼓舞，和他们谈公司愿景以及未来规划，密切关注市场和国家政策）、核心成员的离去意味着技术骨干流失（对其任务进行分解，减少其对公司发展的影响）；国家政策下调光伏补贴、竞争的加剧（能源互联网、为企业提供综合能源服务、开发新产品——储轮）。

　　技术上的困难：经验的不足，导致时间、金钱的浪费、返修产品费用；对技术或市场把握不准、风险控制不准（设计多条可行性路线，并进行原理验证、谨慎投资，然后才使之产品化）。

　　发展中期项目和资金的问题：反思比较，将市场地位为企业，建立了合同能源模式，解决了公司资金的问题。

　　该问题让学生认识该行业发展可能会面临的困难以及可能的解决方案，让学生设身处地提出自己的方案，并同案例中的方案进行对比。

　　作为易受国家政策影响的新能源领域，光伏发电要想在同类行业中获取相应的资源，首先要及时了解国家政策的动态和未来发展走势，提供的产品和服务要能满足市场的需求，并对客户和市场的需求定期调研，不断优化和完善自己的产品，争取凸显出自己不同于其他企业的特征。此外，高新产业往往资金需求比较大，要有足够的资金和合适的项目支撑公司的可持续发展，因此商业模式和市场的开拓尤为重要。本案例中的创业公司主要客户是企业,因此要想有稳定的客户源,必须要有一定社会关系网络形成固定的客户群。此外,作为高科技公司,拥有一支过硬的技术团队也至关重要,它能让创业公司在技术、资源、资金获取以及政府政策补贴中占据优势地位,同时也是公司未来可持续发展的有力支撑,比如案例中提到的未来储能的开发离不开技术团队的技术支持。

这一问题能让学生认识到光伏发电行业的特点,深刻理解该行业发展所必须具备的主客观条件,以及要形成动态的发展观看待该行业的未来发展走势。

"二次创业:西口印刷转向创意文化的战略变革"案例教学手册

一、分析思路

在上海市劳动力、土地成本不断提升的宏观经济背景下,实现转型,提高产品附加值是每个印刷企业都要面对的问题。公司进行战略变革既要找到市场机会发展新业务,同时也要充分发挥已有业务的优势,通过整合各项业务资源,取得竞争优势。

对于中小型企业而言,由于受到资源和能力的限制(这一点可以从每个管理者的背景和其领导的团队中发现),都面临着具体困难,但总结起来包括:

(1)在发现市场机会后如何建立自己的品牌和相应的市场渠道。

(2)新业务的管理者如何应对发展业务中的不确定性。

(3)新业务与传统业务之间如何发挥协同的作用。

在教学中,本案例的分析思路可分为三个阶段。

第一阶段:对于战略变革的理解。

(1)请学生们将什么是战略变革,为什么要进行战略变革的原因罗列出来。

(2)列出战略变革过程中高层管理者和中层管理者关注焦点的变化。

第二阶段:角色扮演。

分3个小组分别代表纸制品事业部、信息技术部和"西雅图",根据自己的资源、资金和团队情况讨论并回答:在不确定业务的情况下,应该如何降低不确定性的影响?

第三阶段:集体讨论,西口印刷应当建立怎样的商业模式?

这一阶段列出每项业务的活动,并且讨论如何将传统业务和新业务联系起来。这一阶段要提醒同学们注意印刷业对于每项新业务的支持作用。

二、课前阅读建议

1. Brown S L, Eisenhardt K M. The Art of Continuous Change: Linking Complexity Theory and Time-Paced Evolution in Relentlessly Shifting Organizations[J]. Administrative Science Quarterly,1997,42(1): 1 - 34.

(说明:本文是一篇案例研究论文,总结了成功企业如何探索建立新业务的一般经验。阅读本文有助于学生对于西口印刷二次创业中如何克服困难提出见解。本文的中文版本见于《案例研究方法理论与范例——凯瑟琳艾森哈特论文集》,李平、曹仰峰主编,北京大学出版社,2012年版。)

2. Johnson M W, Christensen C M, Kagermann H. Reinventing Your Business Model[J]. Harvard Business Review. 2008,86(12): 51 - 59.

(说明:在众多论述商业模式的论文中,本文以贴近商业实践的风格给予商业模式一个明确的认定,有助于学生很快对于商业模式形成清晰的概念。)

三、理论依据与分析

1. 什么是战略变革?战略变革过程中每个中层经理的职责发生了哪些变化?各自遇到怎样的困难?

从发展新业务的视角看,战略变革是指公司建立新业务,并逐渐用新业务来取代旧业务的过程,新业务逐步占据主导地位或成为一个公司的主营业务。成熟的公司一般都会对自己的业务发展有清晰的规划,明确规定哪些业务逐步退出,哪些业务应该尽快发展。从企业发展的路径分析,战略变革的结果是一个公司的主导业务和战略定位发生根本改变。

在转型和战略变革两个概念上,一般而言转型是指一个企业彻底的改变。使用战略变革这一更好地反映了企业从一种状态向另一种状态改变的过程。

"二次创业：西口印刷转向创意文化的战略变革"案例教学手册

教师可以用麦肯锡公司的三层面业务模型或波士顿矩阵对于西口公司通过建立新业务实现战略变革加以说明。

对于中层经理职责变化，教师应当强调其各自职业经历和背景。

2. 如何看待每个业务的不确定性？如何降低这些业务不确定性的影响？

对于中小企业而言，发现新的业务机会时往往无法通过正规的市场调查来决定这一业务是否可行，而要通过在"干中学"、不断试错的方法来总结。

一般而言，多种探索之所以有效，还因为其降低了管理者面对不可预知的未来而措手不及的可能性。紧靠一种探索会使企业容易受到其他领域变革的影响。

多种低成本的探索会增强对未来的学习。学习非常关键，因为尽管未来不确定，但通常可以对其了解一二，使得管理者更容易预测甚至可能创造未来。

由实验性产品和战略联盟获得的直接经验和实践经验形成了"干中学"，这是一个好的学习方式，特别是跟替代性学习和二手学习相比。

降低探索活动风险的方式：

（1）通过建立多种关系来获得更多的信息来源。

（2）尽可能从传统业务中获取资源。

（3）通过多项探索找到新产品的开发方向。

（4）要向标杆学习，例如折纸产品应当向乐高玩具学习。

3. 对于纸制品事业部和西雅图工作室，如何有效地进行产品开发？

教师可提供市场营销中标准的产品开发过程。考虑到中小企业的特点，同学们应当讨论在资源有限的条件下如何改进"西雅图"和纸制品事业部的开发流程，借鉴课前阅读作业，这些改进的要点如下：

（1）尽可能多地获得产品创意和分类。

成功产品组合的管理者从一个项目到下一个几乎是无缝转换，而不是将过渡交给运气,或者避免严格过渡。数据显示成功产品组合的管理者谨慎管理现在到未来的过渡。

相反,其他公司管理过去和将来项目间链接通常是一种"马后炮"。达到这种转换的两种策略:连续项目之间可预测的时间间隔和精心设计的过渡策略。

(2)时间规划。

明确新产品开发时间规划的特征。明确开发周期,如18个月、24个月。例如,"西雅图"的开发周期是12个月。

采取同步开发、依次开发或循环开发的顺序。教师可以重点让学生讨论"纸说"的产品开发。

(3)建立新产品开发项目的协调人。

① 开发项目的团队在完成任务以后继续下个项目,并且补充新的团队成员,可以从不同部门获得人员,形成跨部门团队。

② 能够的明确存在第一代产品概念、第二代产品概念和第三代产品概念,明确产品规划。

③ 明确开发联盟企业或合作企业。

④ 开发人员和市场人员的合作。

(4)注意避免的问题:

① 典型状况是:没有特定的程序,像疯狂冲刺,过渡没有组织性。过渡发生于有闲置资源时。

② 新项目的产生源于"拍脑袋",不可预见,没有时间特征。

③ 没有充足的项目或创意可以供选择,可供将创意转变为新产品。

④ 在有可供挑选的项目时,挑选新项目没有自己的思路。

⑤ 新项目的产生没有预兆。

⑥ 知道要开发新项目,但部门成员不知道该做些什么。

4. 在新业务建立以后,西口印刷原有的商业模式将会发生哪些变化?

这一问题为开放式问题,目标在于建立学生对于战略变革的整体观念而非一个绝对正确的商业模式。由于商业模式是一个在学术上争议较多的问题。建议教师依据课前阅读材料价值主张,关键行动,关键资源、盈利模式来说明商业模式的构成要点。

(1) 商业模式的定义:

① 商业模式表示了产品、服务和信息流的架构,是对不同商业参与者及其角色、潜在利益和收益来源的描述。

② 商业模式描述了交易的内容、结构和管理,并通过对这三者的设计以达到利用商业机会来创造价值的目的,是一个超越企业边界且由相互依存的活动构成的系统。

③ 商业模式就是故事,它阐述了企业是如何运作的。一个好的商业模式将回答下面的问题:我们的顾客是谁?顾客心中的价值是什么?我们如何从这个生意得到收益?解释了"我们怎样才能以适宜的成本向顾客传递价值"这个问题的潜在经济逻辑是什么?

④ 商业模式是企业在价值链中创造和攫取价值的基本的核心的逻辑及战略选择的一种表述。

⑤ 商业模式描述了支持顾客价值主张的逻辑、资料及其他要素,及企业传送该价值的可行的收益及成本结构。

(2) 教师可以首先利用价值链工具,要求学生将案例中提供的每项活动都列出来;其次,尽可能找出每项活动之间的关系。

典型的关系包括:

① 折纸活动的纸张与印刷业务的关系。

② 西雅图图文产品与印刷业务的关系。

③ AR 技术推广中与印刷业务推广的关系。

④ 上述三项业务与传统业务所拥有的客户资源的关系。

(3) 教师帮助学生总结商业模式中的关键要素:

① 价值主张:提出怎样的价值主张才能既适应公司发展方向,有适应嘉定区政府"文化嘉定"的诉求?

参考答案：回顾附录二西口印刷的企业理念和目标可以发现，西口印刷之前主要是追求印刷产品质量和技术革新。而在建立新业务后，西口印刷的价值主张将转向以印刷产品质量和技术革新为基础向推动创意文化产品的普及。

② 关键行动：三者业务与传统业务之间是怎样的关系？如何利用三者业务影响传统印刷业务、改善传统业务形象？

参考答案：传统业务的关键行动保证印刷产品（儿童读物、画册、商品目录DM的）质量，为此西口印刷通过执行3S活动（整理/整顿/清扫）提高发现各种各样的问题，同时提高解决问题的能力，通过ISO体系的升级以及员工的教育培训来保证目标的实现。而今后的关键行动将逐渐转化为如何通过创意产品新产品开发、设计来提高传统印刷业的附加值。

③ 关键资源：三者业务与传统业务共有的资源基础是什么？每一项业务各自获得的新资源是什么？哪些是开展各项业务的关键资源？

参考答案：共享资源基础包括：土地资源；印刷设备（包括印前设备，印刷设备，加工设备）资源；客户资源（巧虎，大润发）；新业务的资源：新客户，新销售渠道，新的设计开发团队，新的营销团队。对于西口印刷，现有的共享资源是开展新业务的关键资源。

④ 盈利模式：西口印刷的盈利来源在二次创业中发生了怎样的变化，未来发展中如何利用西口印刷拥有较多土地储备的优势？

参考答案：目前盈利来源主要是印刷业务和折纸产品向日本出口。未来盈利来源将逐渐增加，包括自己创意产品、折纸产品国内销售。目前土地空置造成了潜在盈利来源的损失，未来可以通过多种方式如建立园区的方式来利用好土地资源，进而保证公司在长期内实现盈利。

四、关键要点

1. 让学生了解管理者在面临战略变革时职责发生的变化，强调新业务建立与市场潜力以及市场不确定性之间的关系，理解现实中管理者如何应对不确定性的思路。

2. 理解如何应用来自研究论文或"市场营销""战略管理"中的理论知识如何能够帮助管理者更好地建立新业务。

3. 理解如何将新业务与传统业务联系在一起形成新的商业模式,使得学生在分析不同的业务活动后建立整体观点。注意学术上对于商业模式定义较多且不统一,建议教师引导学生关注在商业实践中具体的活动,包括选择怎样的客户,为客户提供怎样的价值,以及如何建立各项活动之间的联系。

五、建议的课堂计划

1. 战略变革的内涵分析。强调战略变革的外部环境和内部条件:变革对于企业层面带来怎样的影响?变革对于中间层面带来怎样的影响?变革的痛点是什么?(20分钟)

2. 理解发展新业务的不确定性。首先要明确中小企业在发展业务过程中普遍面临的人力资源短缺的状况,当看到市场机会时,既要努力把握市场机会,又要降低潜在的风险。不去把握机会或者过度冒险都不是最佳选择。(10分钟)

3. 讨论如何更好地进行业务开发。介绍一般的产品开发流程,讨论案例中"纸说"的开发,以及如何利用一些产品开发的理论知识来建立这一过程。(20分钟)

4. 讨论如何通过整体规划来充分利用各项新业务的潜力,建立新的商业模式?列出新业务和传统业务的模式以及可能的关系,学生画出整体各项活动之间的联系。(10分钟)

特别致谢

本书案例在写作过程中受到上海市大学生科技创业基金会的大力支持,特此鸣谢!

上海市大学生科技创业基金会(Shanghai Technology Entrepreneurship for Graduates,简称"创业基金会"或 EFG)成立于 2006 年 8 月,是中国首家传播创业文化、支持创业实践的公益机构;上海市大学生科技创业基金(简称"天使基金")是上海市政府设立的专注于扶持大学生青年创新创业的公益基金。该基金会以培育创业环境、播撒创业种子、激发创业力量为使命,联合社会各界开展创业资助、创业教育、创业倡导等业务,迄今已建立了 23 个分会及专项基金,形成了全方位支持创业实践、培养创业人才、传播创业文化的工作网络。截至 2017 年 10 月底,"天使基金"累计受理创业项目申请 6 641 个,资助项目 1 887 个,带动近 3 万人就业。

相关支持和联系方式

尊敬的老师：

您好！

为了确保您及时有效地使用本书中的案例，请您务必完整填写如下表格，加盖您单位的公章后拍照用电子邮件发给我们，并与我们电话联系，我们将会在2—3个工作日内为您处理。

请填写所需案例的开课信息：

课程名称	
课程时间	
学生人数	
学生背景	专科　　　　本科　　　　研究生　　　　初创业者

请填写您的个人信息：

单位名称			
单位地址			
姓　名		职　称	
通信地址		邮　编	
手　机		电　话	
传　真		E-MAIL	

单位领导：_____（签字）
_____年_____月_____日

"上海大学悉尼工商学院案例中心"联系方式：

| 创业虽艰,敢为人先 |
来自创业一线的创业管理案例集

地址:上海市嘉定区城中路 20 号,邮编:201899

电话:021 - 69980028——93071

传真:021 - 69980017

E-MAIL:silccasecenter@ 163.com

后 记

创业是一种怎样的体验？

放在竞争的"丛林"中，这本书中的大多数创业者都是平凡的，他们当中的大多数人正在经历着充满激情而又艰辛的创业过程，经营着规模大小不一的企业。如果我们冷静地分析，当他们面对选择时，也曾经犯过错误，也曾经有过犹豫，也曾经历恐惧，也曾经想过放弃，但他们不会拒绝机会，不会习惯平庸，不会拒绝行动。

本书案例的作者均是上海大学悉尼工商学院教师，部分本科同学也参与了写作：

- 霍伟伟撰写"'考霸'：冉冉升起的校园之星""'校园帮圈'的求生之路"两篇案例；
- 帅萍、聂晶、李露玉撰写"跨代际狼性团队的打造"案例；
- 帅萍、忻莹、黄楠撰写"走出黑暗期：核心团队形成的魔鬼过程"案例；
- 陈影撰写"打造文化符号，体味饕餮盛宴：塔顶泰国时尚餐厅发展之路"案例；
- 孙燕撰写"新能源创业新秀的新商业模式"案例；
- 许雪敏撰写"'盒马鲜生'：生鲜电商新零售"案例；
- 吴海宁撰写"适应中美环境，创造独特优势""行动与计划：万融集团创业规划的由来""二次创业：西口印刷转向创意文化的战略变革"三篇案例；

- 忻莹和吴海宁撰写"美丽产业的艰难开拓"案例；
- 张建雄、杨文捷、吴海宁共同编写"科技企业加速器：为科技企业成长保驾护航"案例。

在遭遇艰难时，我们看到的更多的是一个个独自承担压力，独立解决问题的创业者。在企业成功时，我们看到更多的是一个团队的成功，一个团队的分享和团队文化。他们用自己的智慧创造财富和就业机会，他们用自己的肩膀扛起企业前进的重任。

马云对"风清扬"情有独钟，"剑在手星坠落雨飘泼，万里独行；阳关外天苍苍野茫茫，大漠背影"，就是这位侠客的写照。这位曾经的英语教师，如今的创业首席大咖，他所经历的或许也代表了本书中每个案例作者的心路历程，我们也期望读者能够透过创业表面深入客观地理解创业的实质，并用创业的精神助力自己智慧的提升。

如果读者翻开这本书，在看到这些就在你我身边的创业者正在乐观地、阳光地、努力地为了自己开创的事业奋斗时，或许也可以想到，每个人都应该拥有创业的精神，并用这种精神去开创事业。希望每位读者都能与身边的创业者携手共进，一起步入精彩的未来。